LES

ÉLECTIONS DE 1789

EN ROUSSILLON

PAR

M. l'Abbé Ph. TORREILLES

PROFESSEUR AU GRAND SÉMINAIRE DE PERPIGNAN

Extrait du XXXIIe Bulletin de la Société Agricole, Scientifique
et Littéraire des Pyrénées-Orientales.

PERPIGNAN

IMPRIMERIE DE CHARLES LATROBE

1, Rue des Trois-Rois, 1

1891

LES ÉLECTIONS DE 1789

EN ROUSSILLON

LES

ÉLECTIONS DE 1789

EN ROUSSILLON

PAR

M. l'Abbé Ph. TORREILLES

PROFESSEUR AU GRAND SÉMINAIRE DE PERPIGNAN

———

Extrait du XXXII⁰ Bulletin de la Société Agricole, Scientifique et Littéraire des Pyrénées-Orientales.

———

PERPIGNAN
IMPRIMERIE DE CHARLES LATROBE
1, Rue des Trois-Rois, 1

1891

LES ÉLECTIONS DE 1789
EN ROUSSILLON

I. **État des esprits avant les élections** : Division d'intérèts parmi le Tiers-État. Les deux partis : la ville et ses consuls ; la campagne et Fr. Terrats. — La querelle des bourgeois nobles et des chevaliers. L'affaire est déférée au Conseil du roi : Arrêt de février ; le parti des chevaliers mécontents ; accord obtenu par Mgr d'Esponchez. — Fr. Terrats chargé de convoquer les électeurs ; retards. — Attitude conciliante de Mgr d'Esponchez ; ordonnance du 6 avril 1789.

II. **Les premières opérations électorales du Tiers** : Teneur de l'Ordonnance. Convocation des électeurs perpignanais : les corporations et les citoyens indépendants. Assemblée perpignanaise du 14 avril : les délégués et le cahier de la ville. — Assemblée du tiers de la viguerie de Roussillon le 16 avril : les opérations de la Commission ; divisions intestines ; dire des perpignanais, affirmations de Terrats ; la scission éclate le 17 avril. Les deux partis : les Perpignanais et les campagnards. — Union de la noblesse et du clergé.

III. **Les élections.** Séance du 21 avril : troubles, discours, séparation des trois ordres. — Séances de la noblesse et du clergé : leurs cahiers, leurs députés. — Divisions continuelles du Tiers ; vain essai de rapprochement. — Intervention du Conseil souverain ; son enquête du 21 avril, ses arrêts des 23 et 24. — Audace de Terrats ; les dernières opérations du Tiers : rédaction des cahiers, élection des députés ; démission de Siau. — Séance du 30 avril : élection de Roca ; réunion du Tiers et de la noblesse ; défection de Moynier remplacé par Graffan. L'arrêt du 30 avril du Conseil souverain : son importance. Décision de la noblesse.

IV. **Après les élections.** Les Perpignanais délèguent Gaffard près du roi ; ils contestent les élections du Tiers. — Mauvaises nouvelles : lettre du garde des Sceaux du 19 mai ; maladresses de Gaffard. — Terrats devient noble, obtient l'appui de la Cour et des États-généraux. Plus d'espoir pour les Perpignanais. — Les troubles de juillet font diversion ; événements du 26 juillet au 2 août. — La question électorale oubliée ; arrêt du 24 juillet validant les élections ; Perpignan tout à la joie du régime nouveau.

I

État des esprits avant les élections[1].

Jusque vers les premiers jours de l'année 1789, après la rentrée solennelle du Conseil Souverain dans le palais de justice d'où il avait été chassé six mois auparavant par ordre du roi, tous les habitants de Perpignan avaient paru ne former qu'un cœur et qu'une âme, unis par l'espérance de voir se lever « une ère nouvelle »[2]. La réunion des États-généraux

[1] Nous ne prétendons pas raconter dans ce travail toutes les opérations électorales des trois ordres en Roussillon : il faudrait pour cela un volume. Notre dessein, plus modeste, est de faire ressortir l'état des esprits à cette époque et de décrire les *principaux* événements dont Perpignan fut le théâtre de janvier à août 1789. Cet essai peut à bon droit être considéré comme jetant un jour nouveau sur des faits entièrement inconnus de nos devanciers. Il repose en effet sur des documents inédits, puisés à la Mairie, au Greffe du tribunal et aux Archives nationales, que M. Vidal n'a pas connus. On remarquera en outre que nous ferons de larges emprunts à de nombreuses correspondances privées de l'époque, dont nous avons eu communication grâce à l'obligeance de leurs possesseurs. Pour tous ces motifs nous ne citerons jamais l'*Histoire de la Révolution* de M. Vidal.

[2] Le Conseil souverain avait été fermé le 8 mai 1788 ; il fut rouvert le 21 octobre au milieu de l'enthousiasme de la foule. V. pour tous les détails circonstanciés de ces faits notre *Histoire du clergé dans le dép. des Pyr.-Or. pendant la Rév. Franç.* in-8º p. 1 à 4.

apparaissait alors à tous les yeux comme « l'aurore
« d'un beau jour », qui devait perpétuellement durer.
Toutefois, vers la fin de janvier, à mesure qu'approcha
l'époque si vivement désirée des opérations électorales,
une certaine agitation commença à soulever les masses,
se propagea et crût de jour en jour, faite de rivalités
personnelles et des aspirations contradictoires de chaque
ordre.

En ce moment où l'on ne parlait que de privilèges
à abolir, une question de privilèges causait la scission
du Tiers-État dans notre province.

Perpignan, « la très fidèle ville », avait toujours eu,
avant 1789, l'honneur et aussi l'habileté d'obtenir
de ses souverains successifs, Espagnols ou Français,
avec des éloges pour sa fidélité [1], des prérogatives
considérables [2]. Ses habitants en paraissaient fiers et,
dans leur orgueil, tranchaient de haut, comme de vrais
seigneurs, avec le petit peuple des campagnes. Les
plus modestes et les plus conciliants se contentaient
d'appeler leur ville « le boulevard du Royaume dans
« une de ses parties méridionales » et prétendaient
« mériter à ce titre un intérêt particulier » [3] ; quelques-
uns croyaient avoir seuls le droit de parler et d'agir
au nom de la province ; tous, membres de corporations

[1] On sait que ce fut à cause de sa résistance contre les Français
que les rois d'Espagne donnèrent ce titre à Perpignan , les rois de
France le reconnurent plus tard.

[2] *Voyage pittoresque de la France... province du Roussillon*,
Paris 1788, in-12, p. 223-229.

[3] *Lettre d'un citoyen à ses compatriotes Messieurs des Trois-
États de la province du Roussillon*. Broch. sans nom d'auteur ni
d'imprimeur.

et bourgeois, réclamaient au moins le maintien de leurs privilèges [1].

Or, il en était un entre tous que les campagnards détestaient cordialement ; c'était, dit Cassanyes dans ses mémoires, « le droit qu'avaient les habitants de « Perpignan de faire estimer par des experts de « Perpignan — qu'on prenait dans la classe des gens « de métier, tels que tisserands, savetiers, tailleurs — « les dommages occasionnés aux propriétés qu'ils « possédaient sur le territoire d'une commune quel- « conque, de s'adresser aux consuls de la commune « pour chercher le délinquant et, à défaut, de répartir « le montant (de l'amende) sur les habitants, en faire « le recouvrement et remettre le montant à Monsieur « le propriétaire, par le seul droit qu'il était habitant « de Perpignan » [2].

Il était aisé de prévoir que, lors des opérations électorales, un conflit éclaterait infailliblement à ce sujet parmi les membres du Tiers ; car, si les Perpignanais tenaient âprement, jalousement à leur privilège, les campagnards paraissaient résolus à ne pas céder. Aussi, dès la première heure, un double courant se forma, assez faible d'abord, mais grossissant sans cesse, suivant que se dessinait davan- tage, de part et d'autre, le but rêvé, caressé,

---

[1] Ce fut là le grand motif de scission entre les perpignanais et les autres membres du Tiers.

[2] *Mémoires* publiés en partie par M. Vidal dans *La Révolution Française*, du 14 mai 1888. On sait le rôle de Cassanyes comme représentant du peuple ; nous l'avons apprécié dans notre *Histoire du Clergé*, p. 396-398.

recherché, quoique nul n'osât encore l'avouer publiquement [1].

D'un côté on rencontrait, sous la direction des cinq consuls de la ville [2], mais plus particulièrement de l'un d'eux, Jacques Terrats [3], la grande majorité des habitants : ouvriers, marchands ou bourgeois constituant ce qu'on appelait alors « les corps, collèges et « communautés ». Ce parti s'était de bonne heure puissamment organisé.

Dès le 6 janvier 1789, il transmettait au roi, « les « témoignages de [son] amour et de sa fidélité, innés « dans le cœur de tout cœur roussillonnais », tout en faisant valoir de « justes réclamations sur différents « objets relatifs à [ses] intérêts [4]. » Le 8 février, nouvelle réunion, toujours sous la présidence du plus dévoué de ses consuls [5], Jacques Terrats. Le procès-verbal ne nous dit point, par suite de son laconisme, l'état des esprits à ce moment. S'il faut même l'en croire, après avoir voté des félicitations à la noblesse pour son acceptation de l'égale répartition des impôts

[1] La conclusion de notre travail sera en partie conforme à celle du rapporteur de l'affaire dans le *Comité de vérification des pouvoirs*. Ce dernier disait: « Il est facile de voir dans tout ce qui s'est passé « qu'il n'y a qu'une division d'intérêts entre la ville et la province ».

[2] C'étaient M. Raymond Rovira, de Gazaniola, Jacques Terrats, Paul Albar, Pierre Laforest.

[3] Jacques Terrats était troisième consul et notaire royal. Il fut délégué de Perpignan à l'assemblée de la viguerie du Roussillon. Nous le verrons paraître souvent à la tête des perpignanais.

[4] Cité par le procès-verbal de la séance suivante du 8 février 1789.

[5] L'assemblée compte 31 membres, tous commissaires-députés des différentes corporations de la ville. On n'y trouve aucun représentant des citoyens, dits indépendants, ne faisant partie d'aucune corporation.

et avoir adressé un appel à la justice et au patriotisme
du clergé, l'assemblée n'aurait pris que des mesures
de conciliation. « Il a été unanimement délibéré, y
« dit-on, de nommer dix commissaires, un syndic et un
« trésorier, à l'effet de représenter le Tiers-État de
« Perpignan dans toutes les occasions où il s'agira
« d'aviser aux moyens les plus prompts pour inviter
« le Tiers-État de la province à se joindre à nous par
« ses chargés de pouvoirs, afin que cette union patrio-
« tique nous mette à même de nous occuper sérieuse-
« ment de tout ce que pourra notre ordre en particulier
« et contribuer au bien général¹ ».

Ces déclarations n'étaient pas aussi désintéressées
qu'elles le paraissaient. Si l'on proposait aux membres
campagnards de s'unir fraternellement, c'était pour
mieux les gagner ; et chez la plupart des Perpignanais
dominait le dessein de se mettre à la tête du mouvement
populaire pour le diriger et, au besoin, en bénéficier.

Alors se leva, sous le même prétexte de conciliation,
mais en véritable adversaire d'autant plus redoutable
qu'il était caché, un homme intelligent, actif, souple
et tenace à la fois, esprit intrigant² et ambitieux
qu'avaient aigri de nombreuses et cruelles décep-

¹ *Délibération du Tiers-État de Perpignan du 8 février 1789*,
broch. 4 p., sans nom d'auteur ni d'imprimeur. — Fr. Siau fut élu
syndic, Jacques Coste, secrétaire ; P. E. Martin, L. Carrière,
Fr. Malibran, Fr. Massota, Frigola aîné, Fabrègues, Calt, Argiot
aîné, J. Mathieu et J. Puig fils, commissaires.
² M. Guy, commissaire des guerres, qui le connaissait bien,
écrivait à M. Jaume, le 8 septembre 1785 : « Il est *bien allant* (sic) »
et le 28 septembre : « J'ai des raisons pour croire qu'il n'est pas
« franc de collier. Cependant je rends justice à son travail. Je sais
« qu'il remplit une place qui donne beaucoup d'occupations ».
(Arch. partic. de M. Vicens).

tions[1]. Il se nommait Jean-Baptiste-François Terrats, et, depuis plusieurs années, il occupait la charge de juge de la viguerie du Roussillon et Vallespir.

Relégué dans cette position, trop modeste pour ses vues ambitieuses, par l'influence de ses ennemis du Conseil souverain[2], Terrats chercha secrètement à étendre son influence dans les campagnes, au moyen des consuls relevant de ses attributions judiciaires[3] ; il avait compris, en effet, qu'il trouverait là et le nombre et des natures plus malléables. Jean-Baptiste Moynier[4], consul et marchand drapier d'Ille, Hyacinthe Tixedor[5], juge de la Viguerie du Conflent et Capsir, comptaient parmi ses meilleurs amis et passaient pour partager ses secrètes aspirations.

Depuis les premiers jours de janvier 1789, dit M. Jaume, Terrats tint « dans l'église du collège

[1] François Terrats était né en 1740 ; il mourut en 1796. M. Jaume nous apprend dans ses *Mémoires inédits*, p. 153, qu'en 1782 il sollicita la place de conseiller au Conseil souverain de Perpignan, que le comte de Mailly, commandant de la province, « agit très vigou- « reusement en sa faveur, sollicité par Mme la marquise de Blanes, « à laquelle il était fort attaché et de laquelle Terrats avait su « gagner la bienveillance ». M. Gaffard ayant été élu à sa place, il y eut entre eux « une inimitié irréconciliable ». Beaucoup de conseillers la partageaient et nuisaient le plus possible à Terrats. En 1785 et en 1788 Terrats demandait encore vainement une place de conseiller.

[2] Ce fut surtout une pétition de quelques conseillers du Conseil souverain qui contribua à empêcher sa nomination en 1788 à la place de conseiller vacante.

[3] On sait que le juge de la viguerie jugeait, en première instance, les affaires des ecclésiastiques, des nobles, des consuls et des corps privilégiés. Il ne s'occupait point des roturiers ; mais il pouvait avoir de l'influence sur eux au moyen des consuls.

[4] J. B. Moynier, né en 1756, mourut en 1837. V. sa physionomie morale, dans notre *Histoire du Clergé*, p. 343-345.

[5] H. Tixedor, né en 1711, mourut sous la Restauration ; il fut anobli en 1818.

« des Jésuites[1] appelé collège royal depuis 1762,
« quantité d'assemblées populaires », les présida, les
dirigea et, pour mieux réussir, entretint « correspon-
« dance avec M. Necker, alors ministre de France,
« et suivit ses avis et ses instructions, assisté du
« S. Moynier et autres[2] ». Ses partisans se recrutaient
surtout parmi les gens de la campagne et trouvaient
appui auprès d'une classe de Perpignanais, dits indépendants, n'appartenant à aucune des corporations de
la ville : bourgeois frondeurs sous l'ancien régime que
l'on verra bientôt constituer la masse des Girondins[3].

Tandis que le Tiers se divisait à la veille des élections,
la querelle des bourgeois immatriculés[4] et des chevaliers
s'était réveillée plus vive, plus passionnée dans les rangs
de la noblesse. Confinée jusque-là dans le domaine des
questions historiques, elle passait sur un terrain pratique
et réclamait sans retard une solution, toujours promise
et toujours différée à cause de la gravité des intérêts
qui étaient mis en jeu[5].

[1] La chapelle du collège était dédiée à Saint-Laurent ; de là
souvent le nom de collège de Saint-Laurent dans les actes du
XVIIIe siècle. Le collège occupait l'emplacement actuel du théâtre
et d'une partie de la place de la République.

[2] M. Jaume, *Mémoires inédits*, p. 154, que nous publierons sous
peu, grâce à l'obligeance de son arrière petit-fils, M. Vicens.

[3] Un procès-verbal de leur réunion porte les signatures de Mali-
brant, Astruc, Dastros, Bernyola, Sèbe, Escalaïx, etc., etc. Nous
les verrons tenir en défiance les consuls de la ville lors de la réunion
des électeurs.

[4] On les appelle indifféremment bourgeois nobles, citoyens nobles
et bourgeois immatriculés.

[5] Le *Voyage pittoresque de la France* déjà cité rapporte, p. 227 :
« Il y a depuis longtemps une contestation pendante à ce sujet qui
« vraisemblablement ne sera jamais jugée. Le Roi vient cependant
« de préjuger la question en faveur des *Bourgeois honorés*, par
« Arrêt du Conseil du 22 déc. 1785, etc. etc. »

Fiers du crédit que les travaux de Fossa [1] donnaient
à leurs prétentions, les chevaliers s'intitulaient seuls
nobles, s'arrogeaient le droit à nommer seuls les
députés de la noblesse aux États-généraux ou du moins
se déclaraient seuls dignes de la représenter. Ce fut
pour faire prévaloir leurs prétentions qu'ils se réunirent
le 21 janvier 1789, sous la présidence de leurs commissaires, MM. de Ros [2], d'Aguilar [3], de Çagarriga [4]
et Banyuls de Montferré [5], et se constituèrent en
« assemblée de l'ordre de la noblesse [6]. »

Leur but était double : gagner le Tiers par des
concessions, humilier les bourgeois immatriculés en les

[1] On sait combien cette question passionna les esprits en Roussillon
au XVIII⁰ siècle. Xaupi défendit les droits des bourgeois nobles
dans ses mémoires *Sur la noblesse des bourgeois honorés.* Fossa
les combattit dans son *Mémoire pour l'ordre des Avocats* et crut
avoir démontré que les bourgeois nobles n'avaient pas droit à la
noblesse transmissible et n'avaient que la jouissance personnelle de
certains de ces privilèges. Jusqu'ici son travail, si riche en rensei-
gnements précieux, passait pour avoir tranché la question. Le
remarquable travail de M. Brutails sur *Les classes agricoles du
Roussillon au moyen âge,* actuellement sous presse, fournira des
documents nouveaux sur ce point.

[2] Don Antoine de Ros de Margarit était président de l'ordre de
la noblesse. C'était lui aussi qui, l'année précédente, avait déjà
poussé la noblesse à faire valoir ses prétentions dans des *Réclamations* imprimées. Quoique, comme dit M. Guy, elles n'eussent pas
produit « grand effet », il ne s'était point découragé.

[3] Le marquis d'Aguilar, qui deviendra l'idole du peuple lors des
troubles de juillet, fut maire de Perpignan en 1790, puis fut obligé
d'émigrer.

[4] M. de Çagarriga d'Anglade, né en 1728, mourut en 1801. Il fut
de ceux qui, en mai 1793, furent emprisonnés à Montpellier.

[5] Le chevalier Banyuls de Montferré, né en 1731, mourut en 1820.
Il fut élu député de la noblesse et arrêté à Laroque en 1793. V.
notre *Histoire du clergé,* p. 386.

[6] *Déclaration de l'ordre de la noblesse du Roussillon,* du
21 janvier 1789. Broch. sans nom d'imprimeur.

excluant de l'ordre. Aux premiers ils offrirent donc,
comme « preuve du désir qu'ils avaient de cimenter
« l'union,... le vœu solennel de supporter, dans une
« parfaite égalité et en proportion chacun de sa fortune,
« les impôts et contributions générales de la province [1],
« ne prétendant se réserver que les droits sacrés de la
« propriété et les distinctions nécessaires dans une
« monarchie. » Quant aux bourgeois immatriculés, on
ne se donnait même point la peine de les nommer et,
par une espèce de défi hautain, on les comprenait dans
la classe « des corps privilégiés », tels sans doute que
les ecclésiastiques et les avocats. C'était leur signifier
brutalement qu'ils ne devaient pas songer à faire partie
du collège de la noblesse.

Les bourgeois immatriculés ne se méprirent pas sur
la portée d'un tel acte, et, pour relever le défi, ils
s'assemblèrent trois jours après, le 24 janvier 1789, et
prirent fièrement le titre de « membres de la noblesse. »
MM. Coma-Jordy, de Lassus [2] et de Coma-Serra [3]
s'étaient fait les promoteurs de cette réunion.

Opposant à l'autorité de Fossa celle de Fontanella
qui, dans ses décisions, déclarait que « les citoyens

---

[1] Dans ses *Notes sur l'économie rurale en Roussillon à la fin
de l'ancien Régime*, Bulletin 1889, p. 367, M. Brutails a montré que
« les exemptions dont la noblesse jouissait avaient pour objet des
« impositions de peu d'importance. »

[2] Les de Lassus, Laurent et Joseph, furent tous deux emprisonnés
à Montpellier en mai 1793. Le premier mourut en 1801, âgé de 75 ans ;
le second, en 1813, âgé de 73 ans.

[3] M. Michel de Coma-Serra naquit en 1735 et mourut en 1813. Il
fut élu député de la noblesse aux États-généraux, arrêté le
17 mai 1793 et emprisonné à Montpellier. Son arrière petit-fils,
M. Fabre de Llaro, possède son portrait en grand costume.

« nobles ont le droit de voter conjointement avec les
« chevaliers », l'assemblée fit valoir que « nulle déli-
« bération ne peut être prise au nom de l'ordre de la
« noblesse sans l'assentiment général de tous ceux qui
« la composent », puis s'élevèrent avec force contre
« l'illégalité... d'une réunion contraire aux ordres
« connus de Sa Majesté. » Cette légitime revendication
des droits méconnus ne fit point oublier aux membres
présents les doléances du Tiers, « dont les vœux ont
« toujours été, disaient-ils, chers à leurs cœurs » ; et,
comme les chevaliers, ils déclarèrent accepter l'égalité
devant l'impôt [1].

On vit alors l'ordre des avocats, entraîné par ce
double exemple et « convaincu d'ailleurs de l'abus
« de toute exemption pécuniaire », se réunir lui
aussi le 26 janvier et certifier que « son vœu a été et
« sera toujours de supporter avec tous ses concitoyens...
« les contributions et impositions générales », mais
s'estimer en même temps trop « jaloux des privilèges
« d'honneur que les lois générales et locales lui
« assuraient », pour ne pas maintenir haut et ferme
ses droits à la noblesse [2].

A la veille des élections, par suite de ces prétentions
contradictoires, la noblesse se trouvait plus divisée
qu'auparavant. « J'ai bien peur que ces MM. ne nous

---

[1] *Protestation de plusieurs membres de la noblesse du Roussillon* .. du 24 janvier 1789. Broch. sans nom d'auteur ni d'imprimeur.

[2] *Déclaration de l'ordre des Avocats... du 26 janvier 1789*,
broch., 4 p. sans nom d'auteur ni d'imprimeur. — On sait que
l'ordre des avocats prétendait que ses membres avaient droit à la
noblesse, au même titre que les bourgeois immatriculés.

« donnent de la tablature au moment de la convocation
« des États-généraux, » écrivait M. Guy [1], secrétaire
du maréchal de Noailles [2]. Heureusement, grâce à de
hautes influences [3], par crainte aussi du péril qui
menaçait déjà le Trône et l'aristocratie, un accord ne
tarda pas à se faire, et, dès les premiers jours de
février, chevaliers et bourgeois nobles avaient résolu
de déférer la cause au Conseil du roi. Les premiers
choisirent pour représentants le comte d'Aguilar [4], le
marquis de St-Marsal [5] et le baron de Ros [6] ; —

[1] M. Guy, bourgeois noble de Perpignan, était depuis 1768 commissaire des guerres près le maréchal de Noailles. Nous citerons de
nombreux extraits de son intéressante correspondance, grâce à
l'obligeante communication de M. Vicens. Cette correspondance va
de 1784 à 1792.

[2] On sait que les de Noailles étaient de père en fils gouverneurs
de la province du Roussillon. Le maréchal, duc de Noailles, qui
gouvernait en 1789 la province, occupait cette charge depuis la mort
de son père survenue en 1766.

[3] Le maréchal de Noailles contribua à l'accord. Il s'en était occupé
dès que l'on avait parlé de convoquer les États-généraux. Voici ce
qu'écrivait M. Guy le 22 nov. 1788 : « Je ne sais ce qui sera fait
« touchant le Roussillon à cause des citoyens nobles, car il faut
« s'attendre que les chevaliers chercheront à les exclure. Nous
« sommes occupés d'aviser aux moyens qui pourront prévenir toutes
« difficultés à cet égard. En conséquence il y a eu hier chez le
« maréchal de Noailles, à Versailles, une conférence entre lui, M. le
« maréchal de Mailly, M. l'évêque de Perpignan, M. de Malartic et
« M. de Noguerre. »

[4] Fils du marquis d'Aguilar. Il demandait la place de chevalier
d'honneur du Conseil souverain et avait l'appui du maréchal de
Noailles ; mais le maréchal de Mailly fit nommer à sa place
M. d'Albaret.

[5] Ange Delpas, marquis de St-Marsal, né en 1714, mourut en
1797. Malgré son grand âge il fut arrêté en mai 1793 et enfermé à
Montpellier avec son fils âgé de 29 ans. La marquise de Blanes, si
influente avant 1789 à cause de sa liaison avec le comte de Mailly,
était sa fille.

[6] Le baron de Ros était fils de Don Antoine de Ros de Margarit.

MM. Nervet [1], Blay [2] et Guy défendirent les droits des seconds. Là, près du Trône, à l'abri des influences jalouses et des rivalités personnelles, la raison reprit ses droits et son empire sur la passion [3]. M. Guy l'annonçait en ces termes à M. Jaume, le 27 février :

« L'affaire des chevaliers et des citoyens vient enfin « d'être à jamais terminée par un jugement, du propre « mouvement du Roi, rendu par voie d'administration « sur la demande des trois députés de l'ordre des « chevaliers qui sont actuellement à Paris, et de « concert avec les représentants de l'ordre des « citoyens... On ne fera plus à l'avenir des citoyens « nobles à l'Hôtel-de-Ville et le Roi ne donnera plus « de Lettres de citoyens, de rescrits. Du reste les « citoyens nobles, tant de Perpignan que de Barcelone « et tous ceux qui existent aujourd'hui, tant en « Roussillon qu'ailleurs sont maintenus dans la noblesse « transmissible, déclarés faire corps de la noblesse « de Roussillon et devoir être convoqués avec les

[1] M. Nervet avait remplacé l'abbé Xaupi comme commissaire des bourgeois honorés à Paris. C'était un homme d'esprit. On le verra bien au récit, que nous citerons dans les Mémoires de Jaume, de son entretien avec Fossa à propos des privilèges des bourgeois honorés.

[2] J. Blay-Gispert, né en 1752, mourut en 1811. Il fut du nombre de ceux que l'on arrêta et emprisonna à Montpellier en 1793. M. Blay était à Paris pour obtenir la création en sa faveur d'une troisième place d'avocat-général ; il l'aurait obtenue sans l'opposition secrète du maréchal de Noailles.

[3] Dans une biographie de Mgr d'Esponchez publiée dans la Revue des Questions historiques, 1er juillet 1874, par Le Bastard d'Estang, il est dit, p. 220, que Mgr d'Esponchez contribua à cet accord des bourgeois nobles et des chevaliers. — Ce ne fut pas sans difficulté, car les chevaliers délégués craignaient, comme nous l'apprend M. Guy, « le désaveu de leurs commettants. »

2

« autres nobles de la province indistinctement. Il n'y
« aura plus désormais à l'Hôtel-de-Ville qu'une seule
« et même bourse pour l'insaculation des chevaliers
« et des citoyens nobles ; d'où j'ai conclu que les
« avocats y gagneront pour l'alternative des places de
« consuls [1]. Il n'est cependant pas dit un mot des
« avocats dans les Lettres patentes qui vont être
« expédiées et envoyées au Conseil souverain de
« Roussillon pour y être enregistrées [2] ».

Les chevaliers n'avaient qu'à s'incliner devant la
volonté du Roi et se rappeler les salutaires conseils
qu'un de leurs compatriotes, M. d'Albert [3], adressait
quelques jours auparavant au marquis d'Oms [4] : « Il

[1] On sait en effet, qu'avant 1789, Perpignan comprenait trois
classes d'habitants : les nobles, les mercadiers, « les artistes. » Le
premier et le second consuls étaient pris: l'un dans l'ordre de la
noblesse, et l'autre parmi les citoyens nobles et les avocats ou
docteurs en droit alternativement ; les citoyens nobles passant dans
la noblesse, les avocats avaient donc droit à une place de consul
tous les ans. V. pour plus de détails, *Voyage pittoresque de la
France*, 1788, p. 221-223.

[2] L'arrêt est ainsi intitulé dans les registres du Conseil souverain:
*Lettres patentes du Roi qui confirment les différents titres en
vertu desquels les citoyens immatriculés de Perpignan jouissent
de la noblesse transmissible, règlent que nulle personne ne pourra
plus désormais le devenir, soit par voie d'élection, soit en vertu
de Lettres du Souverain, du mois de février 1789.*

[3] M. Joseph d'Albert naquit à Ille le 23 janvier 1722 : d'abord
conseiller d'État, puis sous le ministère Turgot, en 1775, lieutenant
de police à Paris, il devint très influent en 1788, car il était considéré, dit M. Guy, comme « le conseil et le coopérateur de Lamoi-
gnon. » Il composa un *Abrégé chronologique de l'histoire romaine*
reproduit dans l'*Art de vérifier les dates*, édition de 1819. Il avait
composé en collaboration avec Malesherbes un mémoire inédit sur
Les lettres de cachet. — Nous devons la plupart de ces renseigne-
ments à l'obligeance de M. Estève de Bosch, arrière-petit neveu de
M. d'Albert.

[4] Le marquis d'Oms joua un certain rôle au début de la Révolution. Il était d'abord membre de la Commission provinciale et de la

« est très nécessaire que l'assemblée soit composée de
« bonnes têtes. La noblesse, en se séparant du Roi,
« qui seul peut soutenir des privilèges, dont la multitude
« est naturellement jalouse, se perd elle-même : c'est
« une bonne leçon qui lui est donnée[1] ». Hélas ! la
passion l'emporta encore sur la raison.

A la tête des mécontents parut Don Antoine de Ros
de Margarit. Son titre de président de l'ordre de la
noblesse et, à défaut d'autre motif, la présence de son
fils parmi les commissaires députés à Paris ayant
proposé la transaction sanctionnée par le Roi, auraient
dû lui commander l'obéissance aux ordres de son
souverain ; et pourtant ce fut lui qui faillit renouveler
le schisme de la première heure.

A la nouvelle de l'arrivée des lettres royales,
« M. de Ros jeta feu et flamme », raconte M. Guy.
Quand il apprit que le Conseil souverain allait les
enregistrer, il réclama, au nom de la noblesse, que l'on
ordonnât aux bourgeois immatriculés « de prendre
« cette qualification dans tous leurs actes[2] ». Le
lendemain 17 mars, nouvelle plainte. Prière était faite
au Conseil de « suspendre l'enregistrement des Lettres
« patentes et faire au Seigneur Roi toutes les remon-

---

noblesse ; en 1790 il devint membre du Conseil et du Directoire du
département ; il donna sa démission à la fin de 1791 ; il n'émigra
qu'au milieu de l'année 1793, pour ne pas être enfermé à Montpellier
comme ses amis.

[1] C. 2216. Lettre du 13 février 1789. M. d'Albert annonce dans
cette lettre le projet de se rendre en Roussillon. Il vint en effet peu
après et mourut à Ille le 9 décembre 1790.

[2] Pour tous ces faits, V. Greffe du Tribunal, *Arrêts civils du
Conseil souverain*, 1er semestre 1789, 23 mars, no 39. On y trouvera
toutes les pétitions que nous allons analyser.

« trances que la Cour trouvera justes », ou tout au
moins d'attendre « que l'ordre suppliant ait pu porter
« au pied du Trône ses justes réclamations. » Et
comme s'il eût craint que sa pétition ne fût rejetée
comme dénuée de valeur, M. de Ros obtenait
« l'approbation et l'adhésion » de vingt chevaliers, et
la transmettait le 18 mars au procureur-général [1].

Encouragés par cette attitude des chevaliers, la
Ville et l'ordre des avocats déposèrent à leur tour le
même vœu. Il faut attendre, disait la Ville, « jusqu'à
« ce que Sa Majesté aura fait droit sur les très
« humbles et très respectueuses représentations », à
propos du privilège « de créer des citoyens nobles ». —
Que la Cour prie le Roi de réparer le silence sur les
prérogatives de l'ordre des avocats, déclarèrent ces
derniers [2].

« Je ne comprends pas, écrivait M. Guy le 27 mars,
« comment on peut s'opposer à l'enregistrement d'un
« jugement du Roi, rendu par voie d'administration,
« du consentement de toutes les parties intéressées. »

---

[1] C'étaient Don Joseph de Banyuls, marquis de Montferré ; Don
Ant. de Tamarit ; Don Joseph d'Oms, marquis d'Oms; Don Antoine
de Çagarriga Desprès ; Mariano de Guanter ; Abdon de Noell ;
Don Joseph de Réart d'Oms ; le chevalier d'Anglade ; Narcisse
Ducup de St-Paul ; le chevalier Ducup ; Don Bonaventure de
Campredon ; Antoine Ducup de St-Paul, officier de Rouergue ; le
chevalier de Montferré, officier de Soissonnais ; de Gazaniola, père ;
de Terrène ; de Fossa ; Don Raymond de Matheu-Bou ; d'Oms
Armangau ; Don Raymond de Çagarriga de Boizambert ; de Gaza-
niola, fils.

[2] Greffe du Tribunal, l. c. — Alexis Conte, notaire royal, déposa la
plainte de la Ville en qualité de syndic de la communauté. —
MM. Cambon, Llorens, Anglada, Puiggari, Cabestany, Tastu, Campagne, Ferriol et Marigo-Vaquer signèrent celle de l'ordre des
avocats.

Le Conseil souverain le comprit et, le 23 mars, il publia l'arrêt de Louis XVI, en renvoyant « les parties « par devant le Seigneur Roi » sur toutes les discussions qui pourraient survenir, tout en suppliant en même temps le monarque « de maintenir l'ordre des « avocats dans les privilèges et prérogatives qui leur « compètent comme jouissants de la noblesse [1] ».

Désormais la source de divisions était tarie, l'obstacle était levé et rien n'aurait empêché la réunion immédiate des trois ordres pour les élections aux États-généraux, si les difficultés n'étaient venues d'où on les attendait le moins.

Durant la première quinzaine de mars, François Terrats, juge de la viguerie du Roussillon et Vallespir, avait reçu des Lettres-patentes lui donnant mission de convoquer les électeurs des trois ordres et le nommant, à cet effet, lieutenant du maréchal de Noailles [2], gouverneur et capitaine-général de la province. Terrats devait procéder sans retard aux formalités requises pour la publication du règlement royal et réunir les trois États vers la fin du mois. « Le 30 mars sera le « jour indiqué pour l'assemblée générale » écrivait M. Guy au nom du maréchal.

Soit pour des motifs graves, soit peut-être par calcul intéressé, Terrats mis en demeure d'agir se déclara « fort embarrassé », écrivit au garde des Sceaux,

[1] Arrêt en placard. V. Greffe du Tribunal. *Arrêts civils*, l. c.

[2] On ne comprend pas comment, dans une circonstance si grave, le maréchal de Noailles ne songea pas à venir présider lui-même les élections. S'il avait été présent, les troubles et les divisions du Tiers que nous allons raconter ne se seraient sûrement pas produits.

rapporte M. Guy, « pour lui faire une infinité de
« questions toutes plus saugrenues les unes que les
« autres [1] » ; proposa « de changer la date et le
« contreseing de la lettre de convocation et du
« règlement relatif au Roussillon parce que cette lettre
« était contresignée de Puységur et que le règlement
« était contresigné Villedenis ; » enfin ajouta même
qu'on ne pourrait « convoquer ni pendant ni après la
« quinzaine de Pâques ». — « En un mot, disait en
« terminant M. Guy, il semble prendre plaisir à se
« forger des entraves. J'espère que l'arrivée de
« M. l'évêque de Perpignan aura dissipé ses inquié-
« tudes et que la besogne marchera pour que les
« députés de la province arrivent à Versailles vers la
« fin d'avril. »

Celui en qui M. Guy et le maréchal de Noailles
fondaient de si vives espérances méritait bien cette
confiance illimitée, car peu d'hommes possédaient à un
si haut degré les qualités d'un conciliateur. Choisi à
cause de « son aptitude et de ses dispositions connues
« au travail projeté de la réforme du clergé [2] »,
Mgr Antoine-Félix de Leyris d'Esponchez [3] alliait à
une connaissance approfondie des maux et des besoins
du temps les généreuses illusions de ses contem-

---

[1] « Par exemple, disait M. Guy, il demande si, dans le cas où les
« fondés de pouvoirs se présenteraient avec des instructions limitées,
« il ne devrait pas les faire retirer ».

[2] *Épiscopologie inédite* de l'abbé Mathieu, prêtre constitutionnel,
partialement défavorable à Mgr Desponchez.

[3] Mgr d'Esponchez, né à Alais en 1751, devint chanoine de Nîmes,
abbé de Lesterp et vicaire-général de Senlis. Il avait été nommé à
l'évêché d'Elne le 14 septembre 1788 ; il ne reçut ses bulles qu'au
commencement de 1789. Il mourut à Udine, dans le Frioul, en 1801.

porains sur les heureux effets de la convocation des
États-généraux. A ses yeux, cette réunion des trois
ordres était un « Conseil plus étendu », où Louis XVI
convoquait ses sujets « pour s'éclairer avec eux sur les
« abus de l'administration que ses agents avaient pu
« lui cacher, pour réparer les pertes que les malheurs
« de l'État pouvaient avoir occasionné et préparer
« ainsi le rétablissement de l'ordre et de la prospérité
« publique [1] ». Que l'on joigne à des espérances si
conformes au goût de l'époque et si propres à lui
concilier les esprits, la bonté d'un cœur porté à
l'indulgence, des manières affables, enfin un je ne
sais quoi de séducteur qui frappait ses adversaires
eux-mêmes [2], et l'on comprendra combien il était
raisonnable de compter sur sa mission conciliatrice.

Intronisé dans la cathédrale de Perpignan le 23 mars [3],
au milieu des acclamations enthousiastes des habitants,
Mgr d'Esponchez s'occupa aussitôt de l'œuvre qui lui
avait été confiée. Aussi, quand l'époque des élections
sera fixée, verrons-nous bourgeois nobles et chevaliers,
déjà rapprochés par lui à Paris, ne plus soulever les

[1] *Lettre pastorale de M. l'évêque de Perpignan aux clergé et
fidèles de son diocèse.* Rome 10 mars 1792, 1ʳᵉ partie, p. 13.

[2] Nous citerons plus bas la déclaration de Molas, curé de Palalda,
qui fut élu évêque constitutionnel mais refusa. Mathieu, son ennemi
passionné, appelait sa manière d'agir « une fine politique », ne
pouvant la taire. — Pour plus de détails, V. notre *Histoire du
Clergé*, p. 12 et suiv.

[3] Et non le 13 mars, comme on l'a dit ordinairement à la suite
de Puiggari.

La ville fut représentée par ses consuls : le Conseil souverain
seul joua, paraît-il, un rôle peu honorable en exigeant dans le céré-
monial des préséances basées, disait M. Guy, « sur des prétentions
ridicules. »

questions si irritantes de leurs privilèges respectifs,
pendant que le clergé suivra unanimement ses conseils.
La tâche était, il est vrai, facile sur ce dernier point ;
car , quoiqu'il y eût dans les rangs des réguliers
quelques moines turbulents et relâchés et dans le corps
des bénéficiers et des curés plus d'un ambitieux, le
clergé séculier, conservant une attitude correcte et
toute d'expectative , manifestait un calme vraiment
extraordinaire à pareille époque [1].

Nous ne savons ce qui empêcha Mgr d'Esponchez
d'être aussi heureux auprès du Tiers et de Terrats.
Tandis que l'on espérait constituer avant la fin du mois
de mars l'assemblée générale des trois ordres, on
enregistra, le 6 avril seulement, l'*Ordonnance de
M. le juge au siège royal de la Viguerie de Roussillon et Vallespir portant convocation des Trois
états de la Province, pour nommer leurs Députés
aux États-généraux du Royaume* [2].

II

Les premières opérations électorales du Tiers

L'*Ordonnance* fixait au 21 avril la réunion de la
noblesse, du clergé et du Tiers. Bourgeois nobles et
chevaliers étaient tous individuellement convoqués.
Dans le clergé, elle comptait comme membres électeurs

---

[1] Pour tous ces faits, V. notre *Histoire du Clergé*, p. 4-7 ; 11-13 ;
73-80. — Nous n'avons pas voulu décrire la physionomie du clergé,
pour éviter des redites.

[2] Imprimé, 8 pages, sans nom d'imprimeur.

tous les curés et possesseurs ecclésiastiques de bénéfices, tandis qu'elle ne conférait qu'un droit proportionnel et de délégation aux autres clercs de la province : prêtres sans bénéfices, chanoines ou membres de communautés tant séculières que régulières. Cette règle eût été difficilement applicable au Tiers-État ; de là des catégories diverses d'électeurs.

Chaque ville ou village nommait, suivant son importance, deux ou plusieurs délégués. Porter les vœux de la commune au siège de la viguerie, opérer dans une assemblée la fusion des cahiers communaux en un seul, puis se réduire au quart, telle était leur mission. A ce quart seul incombait le soin de grouper en un seul cahier, dit de la province, les doléances de chaque viguerie et de nommer les députés du Tiers aux États-généraux. Le Roussillon comprenant trois vigueries, celle du Roussillon et Vallespir, celle du Conflent et Capsir, et celle de Cerdagne, Terrats convoqua les délégués communaux du Tiers, pour le 16 avril, au chef-lieu de leur arrondissement respectif : Perpignan, Prades et Saillagouse. Le quart d'entre eux devait se rendre à Perpignan le 21 avril, jour fixé pour l'assemblée générale des trois ordres.

Cette décision fut signifiée, le 7 avril, aux consuls de Perpignan. Le jour même ces derniers invitèrent MM. les curés à notifier l'*Ordonnance*, « en chaire, « au prône de la messe paroissiale, » le dimanche suivant 12 avril [1], puis à « la lire, publier et afficher

___
[1] Voilà pourquoi, dans leur mémoire au Roi, les Perpignanais disent que l'*Ordonnance* ne parut que le 12 avril, comme nous l'avons fait remarquer dans notre *Histoire du Clergé*, p. 8.

« à l'issue de la messe au devant de la porte principale
« de l'église » ; de leur côté ils se chargeaient de
convoquer « au son de la cloche, en la manière ac-
« coutumée, l'assemblée des habitants » chargée de
dresser les doléances de la ville [1]. Déjà ils avaient pris
leurs mesures pour ne pas être pris au dépourvu.

Dès le 2 avril, ordre avait été donné de convoquer
les chefs de corporations [2] et le « collecteur » des
citoyens dits indépendants ; chacun d'eux devait réunir
les membres de sa société et nommer les délégués à
l'assemblée des habitants fixée au 14 avril.

Les corporations obéirent toutes à cet appel ; seuls
les citoyens dits indépendants, qui comptaient dans
leurs rangs de nombreux amis de Terrats, refusèrent
d'abord d'obtempérer aux ordres reçus. Quand leur
« collecteur », Jean-Baptiste Bosch, se rendit, le
11 avril, à l'Hôtel-de-Ville pour présider leur réunion,

---

[1] Arch. mun., P. 24. Lettre des consuls de Perpignan à MM. les
curés, du 7 avril 1789.

[2] Arch. mun., P. 21. Voici les noms des chefs de corporation :
J. B. Cairol, des apothicaires ; P. Batlle, des fabricants de cuir ;
Fr. Gourdon, des armuriers ; André Coste, des boutonniers ; Joseph
Lantery, des boulangers ; J. Philibert, des bouchers ; Joseph
Giraud, des vanniers ; Bertrand Courret, des chapeliers ; Fr. Gallaï,
des cafetiers ; P. Duclos, des hôteliers ; Rivell, des chirurgiens ;
J. Bizern, des cordonniers ; Amadis, des cordiers ; Joseph Noguès,
des hommes de place ; Jh Porteries, des jardiniers ; Pesquer, des
libraires ; Belmas, des mercadiers ; A. Frigola, des droguistes ;
Mathieu-Cadet, des marchands drapiers ; Jh Pallol, syndic-adjoint
des maçons ; Barrera, des musiciens ; S. Jaume, des notaires ;
Laurens Laurenzon, des ouvriers en cuivre ; Bassou, des teinturiers ;
Gorri, des perruquiers ; Asséma, des doreurs ; Coll, des poisson-
niers ; Terrats cadet, des briquetiers ; Méric, des procureurs ;
J. Philibert, des selliers ; Leclerc, des tapissiers ; Fr. Maniel, des
tailleurs ; Aug. Baure, des tisserands ; Emm. Fabre, des menui-
siers ; V. Adret, des serruriers.

il attendit vainement pendant une heure les membres dont il devait diriger les débats ; et si quelques-uns répondirent enfin à sa convocation, ce fut uniquement pour lui signifier leur résolution de ne point accepter la mairie comme lieu de leurs séances [1]. On put néanmoins, après force pourparlers, faire tomber leurs préventions et les décider à déléguer deux de leurs membres à l'assemblée générale [2].

Au jour fixé, 14 avril, quarante-six députés se réunissaient à l'Hôtel-de-Ville, tous choisis parmi les membres les plus influents et les plus honorables de chaque corporation : gens aisés, rompus aux affaires, habitués à considérer beaucoup plus le côté pratique que le côté spéculatif des questions. En quatre séances générales et en une cinquième, « formée de neuf « commissaires », le cahier des doléances fut rédigé, puis l'on élut, à la pluralité des suffrages, les vingt délégués qui devaient représenter Perpignan à l'assemblée de la viguerie du Roussillon et Vallespir, le 16 avril suivant. Ce furent MM. Joseph Mathieu, Bonaventure Frigola, François Massota, J.-B. Carcassonne, Antoine Belmas, Alexis Tastu, Jacques Terrats, Antoine Pons, Joseph Eychenne, François-Amable Fromillague, Etienne Lagarde, Louis Fraisse, François Badie, Joseph Fines, Antoine Laroche, J.-B. Cayrol, Louis Carrière, François Durand, Antoine Laplante et Joseph Puig [3].

[1] Arch. mun., P. 24. Procès-verbal de l'assemblée du 11 avril.

[2] Arch. mun., P. 24. La réunion n'eut lieu que le 13 avril à l'Hôtel-de-Ville.

[3] Arch. mun., P. 24. Procès-verbal de l'assemblée générale des habitants du 14 avril 1789. La plupart de ces députés firent partie

Un accord parfait avait régné entre tous les membres ;
et la rédaction de leurs vœux, marquée au coin de la
modération et du bon sens, témoignait d'une haute
connaissance des besoins de la province. On y réclamait
une charte simplifiant, régularisant la justice, l'impôt
et l'administration de la province, établissant l'égale
admission aux grades militaires et l'obligation de la
résidence pour les dignitaires ecclésiastiques. Par dessus
tout, le cahier insistait sur l'observation des traités de
Péronne et des Pyrénées, sur le maintien des franchises
de la province, du Conseil souverain et des trois vigueries.
Un cahier spécial revendiquait pour la Ville la reconnaissance de ses privilèges, le rétablissement des
anciennes maîtrises [1], la permission pour ses consuls de
se réunir librement, la gestion indépendante de ses
affaires administratives [2], le dégrèvement des charges
que l'État lui imposait injustement en lui faisant payer
le logement des gouverneurs, intendants et officiers,
enfin l'établissement d'États provinciaux et, supposé

des municipalités sous la révolution, mais furent relativement
modérés. Fr. Massota fut un de ceux qui furent internés à Montpellier ; Joseph Fines aurait partagé le même sort s'il ne s'était
enfui. Joseph Eychenne émigra. Alexis Tastu et Fromillague firent
partie des Tribunaux révolutionnaires ; Cayrol et Durand se mêlè-
rent au mouvement révolutionnaire, et ce dernier en profita pour
acheter beaucoup de biens.

[1] On sait que les maîtrises avaient été transformées en 1782.
« Que les maîtrises, dit l'article 7, soient remises sur l'ancien pied...
« que ces corps puissent faire pour leur police et manutention telles
« ordinations qu'ils jugeront à propos... que ces corps jouissent des
« statuts, droits et privilèges dont ils jouissaient avant l'édit du
« mois de mai 1779... »

[2] En étudiant le rôle des Intendants au XVIIIe siècle, on est
étonné de voir jusqu'où s'étendait leur autorité ; ils en étaient
venus à réduire à presque rien le pouvoir des consuls.

que ce ne fût point possible, l'autorisation « de tenir
« à Paris, à ses frais, quatre représentants, un de
« la noblesse, un du clergé, deux de l'ordre du
« Tiers-État qui auraient tous les mois audience de
« Sa Majesté [1]. »

Cette unanimité de vues et d'aspirations avait fait
naître dans tous les cœurs bien des espérances.
« Appelés à l'assemblée générale, dira-t-on plus tard
« dans un mémoire au Roi, vos fidèles sujets croyaient
« y réunir leurs vœux et l'expression de leur amour
« pour votre majesté ; ils espéraient y développer,
« avec la respectueuse confiance à laquelle Elle les
« invite, les maux dont ils gémissent et dont Elle met
« son bonheur et sa gloire à les guérir. Cet espoir
« excitait le délire de l'allégresse générale [2] ».

Mais ce qui enthousiasmait tant les Perpignanais
allait être la cause même de leur infortune. Pendant
que, tout entiers à la joie de leur futur triomphe, ils
s'endormaient dans leur apparent succès, Fr. Terrats
s'agitait et intriguait. Se servir de son autorité de juge
royal pour en imposer à de pauvres délégués de
campagnes, fussent-ils même consuls [3], séduire les plus
rebelles par des promesses était assurément facile ;
mais ce qui l'était moins, c'était d'agir à la sourdine,
sans que les Perpignanais se doutassent de ce qui se
tramait dans l'ombre. S'il faut ajouter foi au *Mémoire*

---

[3] Arch. mun., P. 24. Cahiers de la ville de Perpignan.

[4] Arch. mun., P. 24. Mémoire au Roi, fº 1, verso.

[5] M. Guy annoncera plus tard que Terrats avait séduit « le tiers »
des campagnards. Le rapporteur du Comité des vérifications dira
pour le disculper : « L'influence de sa place est peu considérable
« dans une élection par scrutin » !

que ces derniers adressèrent au roi, la déception fut aussi amère que cruelle.

Conformément aux prescriptions de l'*Ordonnance*, l'assemblée du Tiers de la Viguerie du Roussillon et Vallespir s'ouvrit le 16 avril, sous la présidence de Fr. Terrats. Vérifier les pouvoirs des délégués et nommer trente commissaires chargés de fondre en un seul les cahiers des communes fut l'affaire d'une journée ; la part de Perpignan avait été faite fort belle en apparence, puisque cinq de ses députés, MM. Mathieu, Frigola, Carcassonne, Massota et Tastu [1] furent élus membres de la commission.

Mais Fr. Terrats restait à sa tête et c'était là, aux yeux des Perpignanais, le grand obstacle à leurs prétentions secrètes de diriger le mouvement électoral et de faire agréer leurs vœux particuliers. Ils déclarèrent donc que Terrats ne pouvait demeurer président de la commission et n'avait nul droit à ce titre.

Ce dernier connaissait trop l'importance de la place, gage certain de son élection aux États-généraux, pour céder devant cette opposition, quelque légitime qu'elle fût [2]. Il maintint ses prétentions et, pour enlever tout prétexte de réclamation à ses adversaires, se fit inviter par la majorité à continuer ses fonctions

[1] Joseph Mathieu était du corps des marchands drapiers ; Bonav. Frigola, de celui des mercadiers ; J.-B. Carcassonne, de celui des droguistes ; Massota, de celui des orfèvres ; Alexis Tastu, de celui des procureurs. Ce dernier était le plus intelligent et aussi le plus influent. Il entra dans l'administration judiciaire, fut même accusateur public près du Tribunal criminel en 1793 et en devint le président lors de sa réorganisation en 1794.

[2] La présidence d'une commission par un juge de la viguerie devait paraître chose inouïe au gens de ce temps.

présidentielles. Y eut-il menaces ou séduction ? Les
Perpignanais prétendirent plus tard que « l'appareil
« militaire dont il s'entoura intimida la plupart des
« députés ¹ » ; il serait sans doute plus exact de
conclure que les campagnards, déjà mis en garde
contre les délégués de la ville et gagnés par Terrats,
se livrèrent aveuglément et volontairement, résolus à
le suivre dans toutes ses entreprises pourvu qu'elles
assurassent le triomphe de leurs revendications.

Ce qui se passa après ce premier choc des deux
parties, il est plus difficile encore de l'exposer avec
certitude.

D'après les Perpignanais, Terrats, sûr de la majorité,
aurait présenté, « dès l'ouverture de la première
« séance, un projet de doléances ² qu'il reproduisit le
« soir avec un plus grand développement et c'est ce
« projet, successivement approuvé et débattu, qui
« [serait devenu] la matière des délibérations prises à
« la pluralité, et dont le résultat [aurait été] couché sur
« des feuilles volantes dans la plus grande confusion ».
En vain aurait-on représenté : « qu'il fallait lire les
« cahiers particuliers et s'occuper de les réduire au
« lieu de délibérer sur un plan étranger », les
réclamations des commissaires de Perpignan n'auraient
point été écoutées et n'auraient produit « d'autre
« effet que de faire supporter une lecture rapide de
« leur cahier et de faire former le projet de lire les

¹ Arch. mun. P. 24. Mémoire au Roi, f. 2.
² Cette mesure a été assez générale en France. M. Laboulaye
croit que les cahiers officiels furent rédigés en 1789 sur des modèles ;
peut-être Terrats en avait-il reçu un de Necker avec qui il était en
relations.

« autres, projet abandonné presque dans le même
« instant par les cris non contenus de quelques députés
« qui demandaient qu'on délibérât sur le plan proposé
« par le juge sans s'embarrasser des doléances des
« communes... Le résultat de leurs opinions parti-
« culières substituées au vœu commun [aurait été]
« livré à des feuilles volantes, qui, lues sans ordre et
« avec le plus grand embarras, formèrent le cahier »
de la viguerie du Roussillon et Vallespir [1].

Dans son mémoire Terrats n'acceptera, de son côté,
aucune de ces imputations. Suivant lui, les cahiers des
communes ont été consultés ; pour établir que l'on n'a
pas adopté « un plan étranger », il offrira « de produire
« un grand nombre de notes écrites par plusieurs
« commissaires » et aussi « la minute informe du
« cahier (de la viguerie) rédigée par l'un d'eux » ; il
déclarera en outre que cette minute fut approuvée par
tous les membres présents, y compris ceux de Perpignan,
et que l'un de ces derniers dicta même « la presque
« totalité des doléances [2] ».

De ces affirmations contradictoires, partiales et
peu explicites sur bien des points, quelques faits se
dégagent avec évidence ; ce sont : la prépondérance de
Terrats dans la procédure suivie par la commission ;
la hâte avec laquelle les cahiers des communes ont été
examinés, s'il est vrai qu'ils aient été examinés ; le
système anormal de rédaction des doléances tout

---

[1] Arch. mun. P. 21, mémoire au Roi, f. 2 et 3.

[2] Arch. nat. Section judiciaire. B. III. 120 f. 43 et suiv., où se
trouvent des extraits en deux colonnes du mémoire de la ville de
Perpignan et de celui de Terrats.

d'abord sur des feuilles volantes, sans ordre, sans contrôle aucun, puis sur un brouillon tout aussi informe [1].

De la part d'un juge que nous verrons, le 21 avril, observer les règles de toute procédure et faire suivre chaque déclaration d'une signature, cette manière d'agir paraîtra suspecte, inexplicable même si elle ne sert pas à masquer une manœuvre louche et non avouée. Du côté des Perpignanais, on ne s'explique pas non plus leur attitude durant les séances de la commission jusqu'au 18 avril au soir. S'il y avait eu, comme ils le prétendent, oubli des règles portées par l'Arrêt du roi, il eût fallu protester énergiquement, faire consigner les réclamations au procès-verbal, surtout ne jamais reconnaître les faits accomplis. Et cependant on voit les délégués Perpignanais ne pas exiger de procès-verbal des délibérations [2] et rester calmes jusqu'au 18 ; un d'entre eux, Alexis Tastu [3],

[1] Si nous osions émettre une hypothèse, nous rétablirions ainsi l'ordre des faits tel qu'il paraît avoir dû se passer. M. Terrats proposa un plan de rédaction et la commission adopta cette manière de procéder ; Tastu, de Perpignan, dicta même la plupart des vœux. Tout marchait à souhait quand survint la question des privilèges de Perpignan ; sur ce, discussions et division. Pour contrôler les vœux des communes, on se livra à un examen sommaire de leurs cahiers et l'on constata leur unanimité sur ce point. Impuissants à faire adopter leur manière de voir, les Perpignanais protestèrent et se retirèrent. — On nous permettra de remarquer que nos conclusions actuelles sont celles que nous avions exposées dans notre *Histoire du Clergé*, p. 10.

[2] Arch. nat. B. III. 119. On ne trouve que les procès-verbaux des séances des 16 et 19 avril 1789.

[3] Arch. mun. P. 24. Délibération du Tiers-État du 22 avril 1789. C'est ce que le Tiers-État fit valoir dans cette réponse à la noblesse et au clergé, disant que les « opérations de l'assemblée... ont été « de leur consentement dictées presque toutes par M. Tastu et « auxquelles on avait adhéré d'un commun accord ».

3

exerce même une grande influence dans la rédaction
des doléances et les « dicte presque toutes ». Sûrement
des hommes assez peu exigeants pour s'accommoder de
cette situation équivoque n'eussent jamais protesté,
si l'on n'eût point porté atteinte à leurs privilèges.

Au dire de Cassanyes, le conflit éclata au sein de la
commission à propos des prétentions des Perpignanais.
Fidèles au vœu de leurs commettants, ces derniers
réclamaient impérieusement le maintien des prérogatives de leur ville et de la province, voulaient
l'observation stricte du traité des Pyrénées et affirmaient
leurs droits au maintien du « tribunal des Experts-
estimateurs ». De leur côté les campagnards, non
moins tenaces, se montraient inflexibles et refusaient
tout compromis sur ce point [1].

En face de cette obstination les Perpignanais n'avaient
qu'à s'incliner ; tout au plus pouvaient-ils protester et
se retirer ; par malheur, ils biaisèrent encore et, après
avoir au début toléré les irrégularités de la procédure
suivie par Terrats, ils recoururent pour réussir, raconte
Cassanyes, à des moyens que la conscience réprouve,
mais que la passion aveugle a plus d'une fois conseillés

---

[1] La demande de suppression de ce privilège constitue le 41e article
du cahier du Tiers-État ; il est ainsi conçu : « Que le Tribunal des
« experts-estimateurs, établi dans la ville de Perpignan afin que
« ses habitants puissent faire estimer les dommages occasionnés
« aux fruits des terres qu'ils possèdent dans les différents territoires
« de cette (sic) Viguerie, soit pareillement supprimée, lors même
« que les Etats-généraux jugeraient à propos de laisser subsister
« d'autres Tribunaux d'exception et d'attribution, comme étant la
« dite attribution abusive, odieuse et vexatoire... la justice de
« laquelle suppression est reconnue par les trois vigueries réunies,
« quoique ce privilège ne s'étende que sur la Viguerie de Roussillon
« et Vallespir. »

en pareille circonstance. Si le fait est exact, il devient évident que Terrats se faisait à son tour complice d'un stratagème frauduleux, uniquement pour gagner à sa cause ses adversaires de la veille et faire cesser toute opposition.

« Tous les vingt-cinq membres de la commission « avaient été d'accord », rapporte Cassanyes, sur la teneur du projet adopté. « Il ne s'agissait que de finir « de le mettre au net pour le présenter le lendemain « (19 avril) à l'acceptation de l'assemblée générale. « Presque tous les membres du comité s'étaient retirés, « à l'exception de M. Terrats, M. Alexis Tastu, avocat « à Perpignan, et deux ou trois autres commissaires « de Perpignan même. Je fus le seul des commissaires « de la campagne qui, n'ayant rien à faire en ville, « restai jusqu'à la fin au comité en attendant l'heure « d'aller me coucher. Je m'aperçus que les quatre ou « cinq commissaires de Perpignan, ne me voyant pas, « chuchotaient au bureau et tramaient la refonte de la « rédaction de l'article dernier du cahier qui était « précisément la demande générale de la suppression « du privilège des habitants de Perpignan. Cet article « intéressait tellement toute la campagne que j'en avais « gardé la rédaction, telle que la commission l'avait « arrêtée. Nos messieurs de Perpignan se mirent « d'accord, donnèrent une nouvelle rédaction à cet « article, en dénaturèrent le sens et le rendaient ainsi « illusoire. Je me levai pour m'opposer à cette nouvelle « rédaction ; mes observations ne furent pas écoutées [1]. »

[1] Nous avouons que ce récit nous paraît étrangement suspect : 1º parce que dans toute la procédure de la commission des Etats-

Cet événement ne pouvait que susciter des orages. Le lendemain, 19 avril, quand tous les électeurs de la viguerie du Roussillon et Vallespir se réunirent pour accepter ou rejeter le cahier élaboré par la commission, puis se réduire au quart, les vingt délégués Perpignanais étaient absents. Ils ne vinrent qu'une heure après [1]. Pendant ce temps Cassanyes avait confié à quelques amis ce qui s'était passé la veille en sa présence.

La lecture des doléances commença au milieu du plus grand calme. Quand vint le tour de l'article sur le « tribunal des Experts-estimateurs » la discussion commença et, en quelques instants, la salle devint houleuse. « On accusait, dit Cassanyes, le bureau de « la commission ou les copistes, en embrouillant « l'affaire pour ne pas découvrir les auteurs et main- « tenir toujours la mauvaise rédaction de l'article. » A l'en croire, les têtes s'échauffaient déjà, mais il parut alors, portant fièrement le texte authentique.

S'il fallait ajouter foi à ces fanfaronnades, ce coup de théâtre aurait déconcerté les Perpignanais ; or, d'après Terrats lui-même [2], bien loin de garder une

généraux, il n'est jamais fait mention de ce fait; 2° parce que les délégués Perpignanais eussent été plus naïfs que malhonnêtes en cette affaire ; 3° parce que, dans ses mémoires, Cassanyes confond et brouille tous les faits. Ainsi il déclare que la commission mit huit jours à élaborer son cahier alors qu'elle n'y consacra que deux jours ; il place le travail de la commission après la réunion des trois ordres, alors que celle-ci se tint seulement le 21 avril ; il suppose enfin que les Perpignanais assistèrent à la réunion où le cahier fut reconnu, accepté par l'assemblée générale du Tiers, tandis que cette assemblée se tint le 26 avril, et les Perpignanais avaient déjà rompu avec le Tiers depuis le 19. Nous n'osons pas néanmoins rejeter entièrement le dire de Cassanyes, puisqu'il s'agit d'un fait personnel.

[1] Arch. nat. B. III. 120. *Rapport du Comité de vérifications.*
[2] Arch. nat. B. III. 120. Mémoire justificatif de Terrats.

attitude humiliée dans la séance dont nous parlons, ces derniers s'élevèrent vivement contre l'obstination de la majorité. Pour les calmer, on leur proposa même d'exprimer « leur vœu particulier dans un cahier « séparé qui serait joint à celui de la province. » Ce fut en vain ; ils refusèrent obstinément tout compromis [1].

Le mémoire au roi nous apprend « qu'ils s'avancèrent « alors en pleine assemblée vers le juge pour protester « contre tout ce qui avait été fait, et que ne leur ayant « pas été possible de se faire écouter dans aucune des « séances du matin et du soir, malgré les démarches « d'honnêteté qu'ils tentèrent, ils prirent de l'avis de « leur conseil le parti de se retirer devant un officier « public pour faire dresser acte de leur protesta-tion [2]. »

Dans la dite protestation, reçue par Me Serra, notaire, et insérée peu après au Greffe du Conseil souverain, cinq griefs étaient formulés : — 1° l'insertion d'un article « concernant la création d'un nouveau tribunal « qui réunisse en première instance la juridiction « royale sur toutes sortes de personnes et de matières [3] » ; — 2° « l'indépendance absolue » donnée à ce tribunal

---

[1] Il devenait, en effet, évident que les États-généraux ne pourraient reconnaître des vœux particuliers rejetés par la majorité de la province.

[2] Arch. mun., P. 24, mémoire au Roi, f. 4.

[3] Les Perpignanais visaient *directement* ce qui constitua plus tard l'article XL du cahier du Tiers : « Que tous les citoyens sans « distinction d'état et de conditions soient jugés par les mêmes « tribunaux... », parce que la création d'un tribunal unique allait *indirectement* supprimer « le tribunal des Experts-estimateurs » qui avait occasionné la scission dont nous avons parlé.

par un autre article ; — 3° « l'omission faite de « demander l'entière exécution des traités de Péronne « et des Pyrénées » ; — 4° l'irrégularité de la procédure suivie dans le sein de la commission pour la rédaction du cahier ; enfin — 5° « le changement « d'expressions » affaiblissant le sens des doléances du Tiers de Perpignan.

Cet acte public, d'abord légalisé et enregistré, puis signifié à la noblesse, au clergé et aux. membres campagnards du Tiers, marquait d'une manière solennelle la rupture violente qui venait de s'opérer. En même temps, par suite, semble-t-il, des procédés du juge de la viguerie, Hyacinthe Tixedor, un conflit éclatait à Prades parmi les membres de l'assemblée du Tiers de Conflent et de Capsir. Là on retrouvait, dira plus tard le Conseil souverain, à peu près même ingérence du juge, même procédure pour la rédaction du cahier de la viguerie, même méconnaissance des protestations de certains délégués de Clara, de Prades et de Villefranche [1] ; si bien que, à la veille de la réunion générale, le Tiers-État de la province formait deux camps bien tranchés : d'un côté une minorité dont les réclamations ne seraient point écoutées ; de l'autre une majorité séduite par quelques hommes dont elle allait suivre aveuglément l'impulsion.

Par contre, comme si elle eût compris qu'en se divisant elle préparait sa ruine, la noblesse avait serré

---

[1] Greffe du Tribunal. Arrêts du Conseil souverain : arrêt du 24 avril. La Cour n'osa pas toutefois attester la vérité absolue de ces faits dans son arrêt du 30 avril, et la commission des États-généraux ne s'en occupa même pas.

fortement ses rangs : bourgeois nobles et chevaliers
s'étaient rapprochés, entendus, préparés à la réunion
prochaine de l'ordre, malgré les plaintes de quelques
ambitieux intraitables [1]. Tandis que nul ne pouvait
prévoir ce que ferait le Tiers, l'opinion publique
désignait déjà comme candidats acceptés par les deux
partis : MM. Coma-Serra et de Montferré.

A voir aussi les aimables rapports de Mgr d'Esponchez
et de ses prêtres [2] on concluait que ce prélat obtiendrait
par acclamation le mandat de député. Si quelque division
devait se produire, la nomination du second député
pouvait seule la provoquer, curés et chanoines reven-
diquant, chacun de son côté, des droits à ce titre.
Néanmoins un courant se dessinait déjà, favorable
à M. de la Boissière [3] et assez puissant pour que
sa nomination ne fît pas de doute dans l'entourage du
maréchal de Noailles [4].

---

[1] Entre autres le comte de Ros et le marquis de Montferré,
comme il appert de plusieurs lettres du comte Dominique d'Oms à
son père. C. 2216.

[2] Molas, curé de Palalda, élu malgré lui évêque constitutionnel,
écrira le 30 janvier 1791 : « Contre qui allons-nous sévir ? Contre un
« prélat que nous avions vu avec joie, que nous avions reçu avec
« acclamation, qui nous avait charmés par son aménité, chez qui
« nous avions découvert de vives lumières. » V. notre *Histoire du
Clergé*, p. 151.

[3] M. de la Boissière, né en 1734, mourut en 1809. En 1789 il était
chanoine-pénitencier de Saint-Jean et vicaire-général depuis près
de trente ans. En 1766 il s'était fait remarquer par son *Oraison
funèbre du duc de Noailles* (imprimée chez Reynier). Il émigra en
1792 et servit à Barcelone d'intermédiaire entre Mgr d'Esponchez et
ses prêtres.

[4] « Nous avions prévu dans ce pays-ci que MM. Coma-Serra et
« Montferré seraient nommés, ainsi que l'évêque de Perpignan et
« l'abbé de la Boissière », écrivait M. Guy à M. Jaume le 8 mai 1789.

Tel était l'état des esprits à la veille du 21 avril,
jour fixé pour la réunion des trois ordres. Quoique le
clergé et la noblesse se trouvassent dans un état de
tranquillité qui contrastait vivement avec les agitations
du Tiers, il était à craindre que la séance ne fût
orageuse , car il fallait y trancher la grosse question
de la présidence et du vote par ordre ou par tête. La
noblesse prétendait devoir être présidée par un noble
et réclamait le vote par tête, suivie sur ce dernier
point par le clergé et la grande majorité du Tiers [1].
Sans doute il se rencontrait alors quelques esprits ,
partisans passionnés d'union fraternelle, qui souhai-
taient voir les trois ordres « proclamer cumulativement
« le choix des députés » et rédiger ensemble un cahier
unique , résumé des vœux communs de tous les
Roussillonnais ; mais ces sentiments, qui s'étaient fait
jour dans une lettre anonyme , avaient été exposés
avec une rhétorique tellement nuageuse qu'ils n'avaient
pu se répandre dans le public [2]. On le constata bientôt.

---

[1] On le constatera à l'assemblée générale du 21.

[2] *Lettre d'un citoyen à ses compatriotes Messieurs des Trois-
Etats de la province du Roussillon.* Après avoir fait ressortir les
bienfaits de l'intérêt général, « ce centre d'où dépend le bonheur de
« notre existence », l'orateur terminait en recommandant l'union :
« Le concours des Trois-Etats, disait-il, est le type de la confiance
« publique. Un choix pareil inspire ce noble courage dont la chaleur
« vivifie ces opérations tardives et lentes à éclore. Puissent,
« Messieurs, nos Trois-Etats assemblés ne former qu'un seul et
« unique cahier où se confondent avec ceux de la Nation les intérêts
« qui peuvent les diviser! C'est en balançant ces intérêts que
« l'harmonie peut seule rétablir l'équilibre ! »

III

Les élections

Le 21 avril 1789, quand Terrats ouvrit solennellement
la séance des trois ordres dans la chapelle St-Laurent,
plus de cinq cents électeurs étaient présents ; la noblesse
était représentée par 146 de ses membres, le Tiers
par 130 et le clergé comptait environ 250 votants.
« Le bureau du président [avait été] placé, dit
« Cassanyes, au haut de l'église, devant le maître-
« autel. A droite, en avant, étaient plusieurs rangs de
« chaises pour le clergé, ayant l'évêque à sa tête. A
« gauche il en était de même ; le corps de la noblesse
« y fut donc placé. Les députés du Tiers-État... devaient
« se tenir droits et chapeau bas vers l'entrée de
« l'église. »

Cette disposition était de nature à blesser profondément le Tiers ; les déclarations de la noblesse et du
clergé prétendant « que Terrats n'étant pas noble
« n'avait pas le droit de présider [1] », augmentèrent
encore le mécontentement de ce corps.

Après cet incident en survint un second. Les
vingt députés de Perpignan, s'étant présentés, déclarèrent vouloir « faire, eux ou du moins le quart d'entre
« eux, partie de l'assemblée générale ». La noblesse,
le clergé et certains membres du Tiers eurent beau

[1] Mémoires de Cassanyes. l. c.

appuyer leurs réclamations, Fr. Terrats, se prévalant de son autorité présidentielle, refusa impérieusement la pétition et, ce qui était plus grave, ne daigna même pas en donner acte. Devant ce déni de justice, les délégués Perpignanais se retirèrent en protestant et allèrent faire consigner immédiatement leurs plaintes par devant M° Sauveur Jaume, notaire[1].

Pendant ce temps les orateurs se succédaient sans discontinuer à la tribune de l'assemblée des trois ordres. Entre tous on remarqua Fr. Xavier de Llucia[2]. Ce bourgeois noble, se croyant orateur parce qu'il possédait quelques notions de droit, et secrétaire indispensable parce qu'il avait jadis ambitionné la place de greffier en chef au Conseil souverain[3], avait saisi avec empressement cette occasion de paraître. Depuis quelques années déjà il n'était point de réunion roussillonnaise de quelque importance, où on ne le vît survenir, porteur d'un volumineux cahier dont il donnait lecture avec une certaine emphase. Ses débuts avaient eu lieu dans la loge maçonnique, dite *La Sociabilité*, le

[1] Arch. mun. P. 24. Protestation du 21 avril; 1789 son enregistrement eut lieu le lendemain au Greffe du Conseil souverain.

[2] Pour tout ce qui a trait à Llucia, V. le remarquable travail de M. G. Sorel : *Les Girondins du Roussillon*, paru dans le Bulletin de la Société, année 1889 p. 142-224. Voir aussi le portrait de ce personnage dans notre *Histoire du clergé*, p. 40-44.

[3] Il existe dans les papiers de M. Jaume la curieuse lettre suivante de M. de Malartic, premier président du Conseil souverain, datée du 19 octobre 1787 : « M. le garde des Sceaux vient de me « renvoyer, Monsieur, un mémoire que *le noble François Xavier* « *de Llucia écuyer* (sic) lui a adressé le 27 sept., pour lui demander « la place de greffier en chef du Conseil souverain... Il y dit assez « faiblement qu'il a fait son droit, mais il me semble avoir ouï dire « à Perpignan que M. de Llucia n'est ni gradué ni avocat... »

1ᵉʳ février 1784, lors de « l'inauguration et de l'instal-
« lation de son temple [1]. » Dans l'assemblée provinciale de 1787, il avait encore écrivassé et parlé,
conformément à ses nouvelles fonctions de « procureur
« général pour le Tiers-État [2]. » Dans quelques jours
il deviendra secrétaire des réunions électorales et de la
commission de la noblesse ; et, quand celle-ci se
dissoudra, c'est dans le premier club patriotique de
Perpignan que l'on retrouvera cet ambitieux [3].

Le discours de Llucia [4] devait être suivi de plusieurs
autres sur la justice ou le commerce; malheureusement,
dit Cassanyes, « le Tiers ne pouvait rien entendre
« parce qu'il était trop éloigné du bureau. Quelques
« voix commencèrent à demander qu'on répétât ce
« qu'on avait lu ; mais tout ce que nous pûmes entendre
« de plus positif c'est qu'il était question du cahier des
« doléances. Les nobles et les prêtres prétendaient
« avoir le droit de s'immiscer pour influencer en
« quelque sorte la rédaction du cahier des doléances
« du Tiers-Etat. Cette discussion le touchait de très
« près. Plusieurs membres demandaient de répéter la

---

[1] *Discours... par le Fr... de Llucia, secrétaire.* Ce discours
inédit, que nous possédons grâce à un don généreux, contient
22 pages, format in-8º. Il est tout entier de la main de Llucia. Nous
l'analyserons dans notre *Histoire du clergé au XVIIIᵉ siècle,* en
parlant de la franc-maçonnerie à Perpignan au siècle dernier.

[2] *Registre de l'Assemblée provinciale du Roussillon en 1787.*
Manuscrit in-folio en notre possession.

[3] La commission de la noblesse fut dissoute à la fin septembre ;
dès le mois d'octobre Llucia faisait partie du premier club patriotique fondé à la Monnaie.

[4] Fr.-X. de Llucia n'avait pas encore changé l'orthographe de son
nom ; bientôt, devenu démocrate, il signera : *Lucia.* V. l'analyse
de son discours, p. 9 et 10 de notre *Histoire du Clergé.*

« phrase toutes les fois qu'ils n'avaient pas pu
« l'entendre. Les esprits s'échauffaient. Le Tiers-État,
« qui se voyait humilié par la noblesse et le clergé qui
« voulaient tout dominer dans cette assemblée, rompit
« le silence et commença à parler haut. Quelques
« membres s'élancèrent vers le bureau du président
« pour être à portée de l'entendre. La noblesse
« et le clergé se plaignirent vivement de cette irrévé-
« rence, menacèrent même quelques députés de la
« prison. Le tumulte augmenta, et tout le Tiers-État
« passa vers le bureau du président. Il déclara
« fortement qu'il ne voulait pas que le clergé et la
« noblesse s'immisçassent dans la rédaction du cahier
« des doléances et que chaque ordre devait faire le sien
« de la manière qu'il aviserait ».

La réclamation était assurément légitime, mais
ce que le tiers considérait comme une immixtion
intempestive des ordres privilégiés dans ses affaires
n'était, de leur part, qu'une tentative de réconciliation
entre les délégués de Perpignan et ceux des campagnes. Nul membre de la noblesse et du clergé ne
songeait à se mêler des vœux du Tiers, seul l'intérêt
qu'ils portaient aux Perpignanais les poussait à appuyer
leur cause. Quand il parut évident que toutes leurs
instances demeureraient stériles, les ecclésiastiques et
les nobles se retirèrent : les premiers avec leur évêque,
tandis que les seconds se rendaient aux Minimes, sur
l'ordre de leur président provisoire, M. d'Oriola [1].

----

[1] M. d'Oriola était bourgeois noble ; il avait signé *la protestation... du 24 janvier*, dont nous avons parlé p. 14-15.

Dans cette circonstance délicate M. d'Oriola ne resta
pas inférieur à la tâche qui lui incombait. Dans une
patriotique allocution, il sut donner aux chevaliers et
aux bourgeois, jadis divisés, maintenant unis, de salutaires et sages conseils : leur rappelant que, « destinés
« par la naissance à défendre le trône », ils avaient en
même temps la haute mission de « servir de modèle au
« peuple ». Au Trône, il fallait, après l'impôt du sang,
fournir l'impôt pécuniaire et ne reculer devant « aucun
« sacrifice » ; leur concorde servirait en outre à gagner
le peuple. « Nous sommes hommes et citoyens, dit-il
« en terminant ; soyons amis et patriotes. C'est le
« dernier vœu de mon cœur ; il me serait doux, en le
« formant, de penser que je ne suis que l'interprète de
« vos sentiments [1]. »

La noblesse resta fidèle à ces leçons. D'un commun
accord on élut président définitif M. d'Ortaffa, du
rang des chevaliers, et Fr. Xavier de Llucia, des
bourgeois nobles, comme secrétaire. Au milieu du
plus grand calme une commission élabora le cahier
des doléances. Céder tous les droits c'était détruire
l'ordre ; maintenir tous les privilèges, provoquer
une réaction violente du Tiers : on prit un moyen
terme. Les droits honorifiques de l'ordre et les
privilèges de la province furent réclamés comme
indispensables ; mais on accepta en même temps
l'égalité devant l'impôt et la plupart des doléances du

[1] C. 2217. M. le général Miquel de Riu a publié en 1885 les
*procès-verbaux des assemblées particulières de l'ordre de la
noblesse* (in-8º, Perpignan, Julia). Nous ne les analyserons point,
car ils sont suffisamment connus.

Tiers [1]. L'entente qui avait présidé à la rédaction des vœux facilita l'élection des deux députés ; au premier tour, M. Michel de Coma-Serra, bourgeois noble, obtint la majorité des suffrages, et le chevalier Banyuls de Montferré fut élu au second [2].

La même tranquillité régnait dans l'assemblée du clergé. Adhérant au programme conciliant de Mgr d'Esponchez, elle admit dans son cahier la nécessité de certaines réformes, reconnut l'obligation de mettre un terme à la multiplicité des titres de la noblesse et le droit populaire à « un juste concours dans les charges « de l'État ». Comme la noblesse, elle consentit à des sacrifices pécuniaires et donna à ses commettants plein pouvoir de voter « les dons gratuits et secours « qui pourraient être jugés nécessaires aux besoins du « royaume[3]. » Quand il fallut désigner les deux députés chargés de faire prévaloir ces vœux aux États-Généraux, d'une voix unanime et comme spontanément, tous les membres acclamèrent Mgr d'Esponchez et le prièrent d'accepter « cette marque de confiance ». Mais de peur que ce vote ne parût l'effet d'un enthousiasme irréfléchi, ce dernier rappela les électeurs au règlement, et l'on recourut au scrutin secret, qui ratifia à l'unanimité le vote par acclamation. La nomi-

---

[1] V. l'analyse de ces cahiers dans notre *Histoire du clergé*, p. 18-22.

[2] Dès lors ces deux députés devinrent amis intimes. En mourant, M. Michel de Coma-Serra légua au chevalier Banyuls de Montferré la jouissance de l'ancienne maison Serra, rue Fontfroide, déclarant avoir en lui la plus complète confiance pour l'exécution d'autres pieuses libéralités. (Renseignement obligeamment fourni par M. Fabre de Llaro.)

[3] *Procès-verbal du 25 avril*, conservé aux Arch. nat.

nation de M. de la Boissière fut moins rapide. La pluralité des suffrages ne se réunit sur son nom qu'au second tour, tant était grande la liberté dont jouissaient les ecclésiastiques durant toute cette période électorale [1].

Il n'en était pas ainsi dans les réunions du Tiers. Après la séance des trois ordres du 21 avril, Terrats, conservant toujours la présidence de l'assemblée, fit placer dans la commission chargée de rédiger le cahier de la province, ses meilleurs et ses plus fidèles amis. Ce furent MM. Graffan, Reynal-Triqueire, Berge, Xinxet-Lanquine, Moynier, Castelnau, Vila, Bigorre, Cantaloup, Anglada-Boyros, Garcias, Tixedor, Roca, Marie, Vilar, Escanyé, Girvès-Tord, Trilles, Grau et Fabre [2].

Peu favorables aux réclamations des Perpignanais, ces commissaires ne songèrent qu'à faire prévaloir les intérêts des campagnes. Ne voulant pas de privilèges particuliers, et pour ne point s'exposer à de pareilles revendications en demandant l'exécution du traité des Pyrénées, ils résolurent de n'en point parler, préférant détailler un à un les droits de la province qu'ils prétendaient conserver.

Une telle attitude frappa les Perpignanais. On se demanda si l'on ne s'était point trompé en maintenant de si grosses exigences, et, d'un commun accord, il

[1] Pour tous ces faits, V. notre *Histoire du Clergé*, p. 14-17, 23-27.

[2] Liste donnée par le *Cahier général des plaintes, doléances et remontrances du Tiers-État de la province du Roussillon*, 22 p. sans nom d'imprimeur.

fut statué que l'on prierait le clergé et la noblesse de
s'interposer pour obtenir la réconciliation désirée [1]. Des
membres de ces deux corps portèrent donc à la Commission des « propositions pacifiques », mais il leur fut
répondu que, pour être admis aux séances du Tiers, il
fallait se soumettre et « reconnaître la légitimité des
« opérations [2] » du 16 avril jusqu'à ce jour. Les conditions étaient dures et humiliantes ; les accepter, c'était
implicitement avouer des torts antérieurs [3] ; les Perpignanais les refusèrent fièrement. On les vit dès lors
se tenir à l'écart, épiant toutefois les agissements de
ceux qu'ils considéraient comme des ennemis irrécon-
ciliables et qu'ils espéraient traiter un jour en vaincus [4].

Au moment où leur cause paraissait perdue et tandis
que Terrats considérait déjà la partie comme gagnée,
le Conseil souverain allait s'interposer avec éclat.
Certes il savait bien que Louis XVI avait réservé à
son Conseil le droit de connaître seul des affaires

[1] C. 2216. Les délégués de la noblesse furent MM. Noguer
d'Albert, Coma-Jordy, le chevalier de Montferré et Llaro père.

[2] Arch. mun. P. 24. Dans sa réponse le Tiers se déclare « animé
« du désir de s'accorder avec les autres deux ordres » et certifie
aux délégués Perpignanais que s'il a continué ses séances sans eux
c'est « uniquement pour ne pas... retenir plus longtemps en cette
« ville les autres députés de la même viguerie. »

[3] Arch. nat. B. III. 120. f 43 et suiv. Dans son mémoire, Terrats
répond qu'on ne demandait pas aux Perpignanais « d'approuver ce
« qui s'était fait en leur absence, mais d'en reconnaître la légiti-
« mité ». Distinction bien subtile.

[4] Arch. mun. P. 24. Huit avocats consultés : MM. Tastu, Mangue,
Puiggari, Marigo-Vaquer, Lacroix, Vergès aîné, J. Campagne,
J. Vaquer, Ferriol conseillèrent de réunir les électeurs et de protester
auprès du Roi. Ce fut à eux qu'on confia la rédaction du mémoire
au Roi de la Ville de Perpignan que nous avons plus d'une fois
cité.

électorales ; mais, par passion d'autorité, pour le plaisir de faire parler de lui, enflé d'ailleurs de la victoire qu'il avait remportée en 1788 en faisant échec aux ordonnances royales, ce corps n'hésita pas à se lancer dans une si grosse entreprise. C'était là son habitude et sa devise : se mêler de tout à propos de justice.

D'autres motifs, moins acceptables encore, poussaient la Cour dans cette voie. Quelques conseillers, comme Gaffard [1], tenaient à satisfaire des rancunes personnelles [2] ; les autres ne pardonnaient pas à Terrats d'avoir repris ses fonctions en 1788, après la rentrée des Parlements, sans se concerter avec eux [3]. Un président sage et réfléchi aurait dû faire comprendre aux esprits aveuglés par la passion l'irrégularité de la procédure et les conséquences graves qui pouvaient en résulter ; mais M. de Malartic était moins que tout autre capable de modération et de prudence.

Ce magistrat hautain, emporté, plein de lui-même, peu mesuré surtout dans ses paroles et ses procédés,

[1] M. Gaffard, né en 1742, mourut en 1816. Nous allons le voir jouer un rôle considérable après les élections. De retour de Paris à la fin d'août 1789 après l'insuccès de son entreprise, il ne se mêla guère de politique, ce qui ne l'empêcha pas d'être arrêté en mai 1793, d'être conduit à Montpellier et d'y être emprisonné. Après dix-huit mois de captivité, il adressa à la Convention un mémoire (Q. 743) auquel nous ferons quelques emprunts.

[2] V. ce que nous avons dit, p. 11, note 1.

[3] Nous avons raconté dans notre *Histoire du Clergé,* p. 1-4, la rentrée du Conseil souverain. Terrats reprit ses fonctions sans s'occuper de lui. « Je vous avoue, écrivait M. Guy le 8 janvier 1789, « que M. Terrats ne s'est pas conduit comme il le devait, reprenant « ses fonctions sans se concerter avec la Compagnie ; il a par ce « moyen aliéné tous les esprits contre lui, et, dans ce pays-ci même, « il est blâmé par les gens les moins prévenus. »

saisissait avidement toute occasion qui pût lui permet-
tre de faire montre d'omnipotence et lui donner du
relief [1]. Il n'eut garde demodérer les conseillers.

Seul le procureur-général, M. Noguer-d'Albert [2],
hésita un moment soit par prudence, soit pour déplaire
à M. de Malartic qu'il n'aimait pas. Des conseillers
s'étant plaints, il se décida à instruire l'affaire. Le
21 avril, « en conséquence de la communication qui
« lui fut donnée et du dire d'un de ces Messieurs de
« la Compagnie sur les opérations du Tiers-État de la
« viguerie du Roussillon et Vallespir, » il commença
son enquête. Le jour même, après avoir pris « quelques
éclaircissements » sur ce qui s'était passé et recueilli les
dépositions de quelques délégués du Tiers, il saisissait
le Conseil souverain du résultat de son instruction judiciaire [3].

A toute autre époque cette intervention de la Cour
eût effrayé des campagnards; mais le Tiers se rassura,
sachant que Terrats comptait sur l'appui de Necker et
devenait dès lors le candidat agréable au gouverne-
ment. On le vit bien à l'attitude du moins courageux
de ses membres, J. B. Moynier.

Vers les cinq heures du soir du même jour, 21 avril,

---

[1] M. de Malartic, né en 1713, mourut en 1792. Les *Mémoires* de
Jaume et les nombreuses notes que nous y ajouterons révéleront
sous son vrai jour ce peu sympathique personnage.

[2] M. Noguer-d'Albert, neveu de M. d'Albert, avait été nommé
procureur-général en 1788, malgré les intrigues de M. de Malartic,
qui voulait faire élire M. Desprès. Les *Mémoires* de M. Jaume
nous révéleront ce qui se passa à ce sujet.

[3] Greffe du Tribunal. Arrêts du Conseil souverain, 1er semestre 1789, 23 avril, no 58.

Moynier, ayant appris le fait, alla trouver son ami
Terrats qui manda aussitôt, de son autorité de « juge
royal », le procureur du roi Rovira. Rien ne transpira
de cet entretien privé. Nous savons seulement qu'aussitôt après Rovira citait à sa barre les membres du Tiers
que le procureur-général avait appelés le matin :
c'étaient MM. Sicre, de Saint-Laurent-de-Cerdans ;
Bigorre, d'Alénya ; Jaubert [1], de Llupia; Xinxet, de
Collioure ; Côrnes, de Céret et Chambon, du Boulou.
Les cinq premiers dévoilèrent l'interrogatoire que leur
avait fait subir le procureur-général; Chambon seul
refusa de répondre ; tous néanmoins signèrent « leurs
« déclarations écrites l'une après l'autre sur la même
« feuille de papier. »

La Cour s'émut de ce défi et, le 23 avril, après avoir
constaté que « cette forme de procéder était aussi
« irrégulière qu'étrangère à l'attribution du juge de la
« viguerie [2] et que c'était là une espèce d'information
« ou d'enquête », elle somma Fr. Terrats de « remettre incontinent ou, au plus tard, vers les « trois
heures », copie de son procès-verbal. Puis, par un
nouveau jugement, basé « sur le bruit public que
« le cahier général du Tiers-État de la viguerie du

---

[1] M. Jaubert devint procureur-syndic du District de Céret: ce fut
lui qui poussa les prêtres de son arrondissement à prêter le
serment, mais ne put y réussir.

[2] Le juge de la viguerie n'avait pas qualité pour informer sur
tous les cas ; il était juge d'exception. Terrats prétendit, peut-être,
informer comme ayant attribution spéciale créée par sa nomination
de président de l'Assemblée électorale. Le Conseil devait trouver
cette prétention blessante, car il n'admettait pas facilement de
juridictions créées par arrêts de Conseil du roi ; cela était contraire
au traité des Pyrénées.

« Roussillon et Vallespir avait été « rédigé d'après un
« cahier particulier présenté aux commissaires », la
Cour ordonna une enquête à ce sujet; et, pour bien
affirmer son énergique résolution de pousser sérieuse-
ment l'affaire, elle la confia au conseiller Gaffard,
l'ennemi irréconciliable de Terrats. Le lendemain,
24 avril, on commençait aussi à s'enquérir des
opérations du Tiers de la viguerie du Conflent et du
Capsir [1].

En face de cette nouvelle menace du Conseil souverain, sachant d'une part que la Cour faisait ordinairement plus de bruit que de besogne, sûr aussi de l'appui
de Necker, Terrats ne parut pas s'émouvoir outre
mesure. Il mit sous les scellés, « à la requête de
« l'assemblée et du procureur du roi », les procès-
verbaux des séances; puis, comme chargé de la police
électorale, il précipita les événements pour empêcher
l'intervention du Conseil à quelque titre que ce fût [2].

Grâce à sa vigoureuse impulsion, la commission
paracheva dans la nuit du 25 avril le cahier général
des doléances. Le 26, l'assemblée du Tiers les adoptait
et nommait les trois scrutateurs chargés de recueillir
les bulletins de vote. L'élection commença le 27, et ce
qui était prévu arriva : au premier tour Terrats obtint
la pluralité des suffrages. Après lui, les voix se
portèrent successivement sur J.-B. Moynier et Hyacinthe

---

[1] Greffe du Tribunal. *Arréts civils*, l. c., 23 et 24 avril.
[2] Arch. nat. B. III. 119. *Rapport du Comité de vérification*,
f. 615 et suiv. Le rapporteur après avoir rappelé cet acte, ajoute :
« Cette résistance à laquelle les Cours souveraines sont peu accou-
« tumées de la part des juges qui relèvent d'elles, n'a pas disposé
« favorablement le Conseil souverain ».

Tixedor. Elles se divisèrent quand il fallut désigner le quatrième député. Le nombre des billets s'étant trouvé supérieur à celui des « suffrages existants », un deuxième vote devint nécessaire ; il donna la majorité à Fr. Siau, négociant de Perpignan [1].

Ce dernier, ne faisant point partie de la délégation du Tiers, semblait s'être tenu en dehors de toute intrigue ; s'il faut même ajouter foi à sa déclaration, il ignorait tout ce qui s'était passé. Il vint donc à l'assemblée et, sans se faire prier, accepta le mandat qui lui était offert. Après quoi, les membres du Tiers se séparèrent, se donnant rendez-vous au 30 avril, fixé pour la clôture solennelle des séances des trois ordres, la réception des serments des députés et la remise des cahiers.

Dans l'intervalle surgirent des difficultés inattendues. Le 29 avril, Fr. Siau envoyait sa démission à MM. Terrats, Moynier et Tixedor, basant « sa résolution « de ne pas se rendre aux États-généraux » sur les irrégularités nombreuses commises à l'assemblée préliminaire de la viguerie du Roussillon et Vallespir les 16, 17, 18 et 19 courant. L'exploit, signifié par huissier, rappelait tous les délits incriminés : abandon des cahiers des communes, ingérence néfaste de Terrats et rédaction des vœux sur feuilles-volantes d'après le plan personnel de ce dernier [2].

---

[1] Arch. nat. B. III. 119. f⁰ 301 et suiv. Procès-verbaux de l'assemblée des Tiers-État des 26 et 27 avril.

[2] Arch. mun. P. 21. L'acte de démission fut reçu par devant « Mᵉ Terrats, notaire royal et consul troisième » de Perpignan. Ce Terrats, bien différent du juge de la Viguerie, paraît à la tête du mouvement perpignanais durant toute cette période.

Le même jour, 29 avril, Terrats recevait un autre
exploit non moins ennuyeux que le premier. De par
ordre de la Cour, il devait remettre, lui ou son greffier,
« le procès-verbal dressé le 21 du dit mois sur la
« dénonciation du S. Moynier, à l'instant du comman-
« dement ou au plus tard avant cinq heures » ; mais,
comme la première fois, Terrats eut recours à la ruse.
Bon, son greffier, déclara n'avoir pas connaissance du
procès-verbal réclamé [1]. Grâce à ce stratagème on
gagnait ainsi une journée. Or, le lendemain, 30 avril,
était le dernier jour de la période électorale.

Tout sembla concourir à favoriser les entreprises de
Terrats. Au moment de la réunion matinale, la noblesse
demanda un sursis jusqu'au soir, et ce dernier put ainsi
saisir les membres présents de la démission de Fr.
Siau. D'après le procès-verbal, quatre électeurs seulement, MM. Chambon, Jaubert-Tardiu, Colomer et
Jaubert de Llupia, approuvèrent l'acte de Siau ; la
majorité « protesta formellement contre (son) contenu »,
néanmoins elle refusa la démission. Si elle se décida à
nommer Julien Roca [2] comme député, ce ne fut qu'à
titre de suppléant [3].

Le soir, à 3 heures, quand la séance s'ouvrit, un second
député du Tiers manquait à l'appel, celui-là même que
nous avons vu à côté de Terrats, faisant montre de

[1] Greffe du Tribunal. Arrêts civils, 2e semestre, in fine.

[2] Julien Roca, quoique député aux États-généraux, fut nommé
procureur-syndic du district de Prades. V. sur son attitude *Histoire
du Clergé*, surtout p. 161, note 3.

[3] Arch. nat. B. III. 119. Procès-verbal de 30 avril. — Julien Roca
ne fut même nommé que le soir à 2 heures, avant la séance des trois
ordres fixée à 3 heures.

bravade le 21 avril ; c'était J.-B. Moynier. Terrats avait reçu avant la réunion une lettre de ce dernier lui annonçant « que, étant malade, il ne pouvait aller « aux États-généraux ». Peut-être cette nouvelle ne l'avait point surpris, car il connaissait trop la poltronnerie de son ami pour ne pas se méprendre sur la nature de son indisposition [1] ; mais il préféra n'en rien dire, craignant sans doute que quelques-uns de ses partisans ne fussent à leur tour atteints d'un semblable malaise et que la réunion n'échouât piteusement.

Malgré toute cette diplomatie la séance fut fort modeste. Le clergé ne daigna pas venir, ni même fournir le motif de son abstention [2]. La noblesse déclara avoir longtemps hésité et n'être venue que « pour obéir aux ordres du roi », puis protesta « contre la forme de « convocation employée comme contraire aux privi- « lèges de cette province, aux droits de son ordre... et « surtout contre la prestation du serment de ses « députés par devant l'assemblée générale ». Le Tiers profondément humilié de la défection de Siau, de l'absence de Moynier, du départ d'un certain nombre de ses membres, quelque peu effrayé aussi de l'arrêt que le Conseil souverain devait rendre le jour même contre Terrats et Tixedor, avait hâte de finir. S'il faut

[1] Fait curieux, Moynier était toujours malade quand il y avait le moindre danger ; il l'était le 11 avril 1792, quand des émeutes éclatèrent à Perpignan ; il le devint encore, en mai 1795, quand la suppression des cloches révolutionna tout Prades.

[2] Le 25 avril, le clergé n'avait pas encore terminé le cahier de ses doléances. Ce ne fut pas sans doute à cause de cela qu'il ne fut point présent, mais plus probablement parce que le Tiers était divisé et aussi parce qu'il ne voulait pas que ses députés prêtassent serment par devant l'assemblée générale.

en juger par le laconisme du procès-verbal, tout se fit sans enthousiasme. On rendit compte des procès-verbaux de chaque ordre, les députés de la noblesse et du Tiers prêtèrent serment, le cahier de la noblesse fut remis au chevalier de Montferré, Terrats garda celui de son ordre [1] ; après quoi le Tiers, resté seul, apprit de son président « la maladie de Moynier ». D'un commun accord, on décida « d'insister » auprès du « malade », mais comme on craignait que l'indisposition ne durât trop longtemps, Sauveur Graffan [2], homme de loi à Thuir, fut élu à sa place [3].

Pendant que se consommaient les dernières opérations électorales du Tiers au milieu de tant de péripéties et d'intrigues, le Conseil souverain, clôturant son enquête sur les agissements de Terrats et de Tixedor, formulait son arrêt du 30 avril et déférait au garde des Sceaux et à M. Necker les dépositions des témoins qu'il avait recueillies. Dans ses considérants, dont la modération des termes était destinée à faire mieux ressortir la force des motifs invoqués, rien n'était omis : ni le contraste du calme régnant dans chaque commune, lors de la rédaction des cahiers, avec les

---

[1] C. 2217. Copie en forme du procès-verbal de l'assemblée générale des Trois-États de la province de Roussillon du 30 avril.

[2] Graffan était né en 1757. Il entra dans les diverses administrations et s'illustra, sous le Directoire, par des proclamations ridicules, qu'il lançait à titre de commissaire du Directoire exécutif du canton de Thuir.

[3] Arch. nat. B. 119. f. 352 et suiv. « On charge Terrats, dit le « procès-verbal, d'exprimer les sentiments de l'assemblée et « d'insister pour que [Moynier] fasse tous ses efforts et se rende « le plus tôt possible aux États-généraux. Et néanmoins l'assemblée prévoyant le cas où le dit s. Moynier serait dans l'impossibilité, etc., etc. »

troubles survenus à Perpignan dans l'assemblée présidée par Terrats ; ni son procédé de rédaction sur feuilles volantes et d'après son plan personnel ; ni la déposition des dix-sept commissaires sur trente venant témoigner de ses manœuvres ; ni les vains efforts des députés de Perpignan pour se faire écouter les 19 et 21 avril ou tout au moins obtenir acte de leurs protestations ; ni enfin la terreur que Terrats et Tixedor faisaient peser sur les électeurs. On remarquait même à ce propos : « combien la situation du Tiers-État de « cette province est bien extraordinaire ; que partout « ailleurs [il] parle hautement et ce sont les juges qui sont « embarrassés de modérer la chaleur de leurs préten-« tions ; qu'en Roussillon il est presque réduit au silence « et asservi à l'empire que des juges exercent sur lui... »

La Cour avouait bien que les faits imputés à Tixedor n'étaient pas « constatés » ; mais elle ajoutait aussitôt, que l'on n'avait encore entendu « que deux témoins « et que les autres n'étaient pas à Perpignan et le « seraient incessamment, et leurs dépositions présente-« raient la preuve de l'irrégularité des opérations du « juge de la viguerie du Conflent. » En terminant, les magistrats opposaient malicieusement leur attitude à celle des deux juges, et déclaraient qu'en s'abstenant de « paraître aux assemblées des ordres, ils [avaient] « eu pour unique motif de ne pas être soupçonnés « d'influer sur les délibérations, même par cet ascen-« dant que leur expérience pouvait leur donner [1]. »

---

[1] Arch. mun. P. 21. Copie de l'Arrêt du 30 avril. — Cet Arrêt ne se trouve point dans le registre du greffe renfermant les actes du premier semestre de 1789, sans doute parce que le Roi annula le dit Arrêt, comme nous le verrons plus tard.

Encouragé par cette entrée en scène du Conseil
souverain en faveur des Perpignanais, le corps de la
noblesse voulut aussi leur donner un gage de son
affection. Après un mûr examen des événements que
nous avons racontés, il fut statué que les députés de
l'ordre aux États-généraux seraient « expressément
« chargés de leur faire prendre en considération tous
« les faits, de protester contre le vœu qui sera porté
« sous le nom du Tiers-État du Roussillon et de
« demander la rejection de son cahier, comme ne
« contenant que l'expression de quelques volontés
« particulières substituées au vœu général [1]. »

IV

Après les élections

Ces déclarations bienveillantes de la noblesse et du
Conseil souverain donnèrent une telle espérance aux
Perpignanais, que leurs consuls réunirent aussitôt
le Conseil général de la communauté [2]. « Le vœu
« unanime des personnes qui l'ont composé, écrivait-
« on peu après au maréchal de Noailles, a été
« d'adresser un mémoire au Roi pour solliciter sa
« justice en faveur d'un ordre qui a été opprimé.
« L'unanimité des suffrages a désigné par acclamation

---

[1] B. *Papiers de la famille d'Oms.* Brouillon de la délibération
de l'assemblée, sans date, ni signature.

[2] Il fallut la permission de l'Intendant, qui, en l'accordant, prit
fait et cause pour les Perpignanais.

« M. Gaffard, conseiller au Conseil souverain, pour en
« être le porteur. [1] »

Le choix laissait trop paraître les motifs intéressés
qui l'avaient dicté; on le comprit bien à Paris. » Je
« pense qu'on trouvera mauvais ici, écrivait M. Guy
« le 18 mai, que le Conseil souverain se soit mêlé de
« cette affaire. L'acharnement et la prévention contre
« Terrats se montrent trop à découvert. Peut-être a-t-il
« tort ?... Il y a longtemps que je me suis aperçu qu'il
« ne cheminait pas toujours droit. L'intendant [2] aura
« tort également d'homologuer la délibération des
« habitants [de Perpignan], avant d'avoir consulté le
« ministre ; comme Gaffard aura tort de partir sans
« congé. » — Et quelques jours après M. Guy écrivait
encore : « Le rôle de Gaffard n'est pas celui d'un
« magistrat de Cour souveraine. »

Mais on ne pensait point ainsi à Perpignan. Parta-
geant l'entraînement général, le Conseil souverain
accréditait Gaffard auprès du ministre [3], pendant que
l'intendant, sans attendre l'avis ministériel, homolo-
guait la délibération des consuls de la ville et promet-
tait son concours en haut lieu.

De si puissantes protections accrurent les espérances
et les exigences de nos compatriotes : tout d'abord il

[1] Arch. mun. Brouillon de la lettre au maréchal de Noailles datée
du 9 mai 1789.

[2] C'était M. Raymond de Saint-Sauveur ; il occupait cette charge
depuis 1778. Peu après les événements que nous racontons, M. de
Saint-Sauveur commença une tournée au Capsir : c'est là que le
surprirent les troubles de juillet. A cette nouvelle il quitta précipi-
pitamment la province et ne revint plus.

[3] Dans un arrêt du 9 mai, le Conseil souverain accentua ses
accusations contre Terrats.

ne s'agissait que de défendre les droits de la justice lésés par Terrats et de porter les plaintes auprès du Trône; de prétentions en prétentions, on en était venu à vouloir la nomination d'un véritable député de la ville aux États-généraux et à croire que le Roi avait agréé la demande. Gaffard partit donc comme un véritable député, emportant avec lui les cahiers de la ville, les vœux de tous et une adresse au Roi conçue en ces termes :

« La Ville de Perpignan ayant obtenu de la justice
« et de la bienfaisance du Roi la liberté de lui pré-
« senter ses doléances et de nommer un député parti-
« culier aux États-généraux, pénétrée de la plus vive
« reconnaissance, renouvelle à S. M. l'hommage de
« son amour, de son respect et de cet attachement
« inviolable qui lui a mérité dans le temps le titre le plus
« cher à des sujets : celui de *Ville très fidèle*, et
« elle charge son député, en suivant les vues pater-
« nelles du Roi, de concourir de tout son pouvoir à
« assurer la félicité publique et la prospérité de l'État.
« Elle se réfère au cahier de l'ordre de la noblesse de
« Roussillon pour tout ce qui concerne le bien général
« du royaume, et fixe ses doléances et réclamations
« aux objets insérés dans le présent cahier qui intéres-
« sent ou généralement la province ou particulièrement
« sa capitale. [1] »

Ces doléances étaient en partie celles que l'on avait insérées le 14 avril dans le cahier de la ville ; seules quelques-unes avaient été supprimées ou adoucies,

[1] Arch. mun. P. 24. Cahier de la ville de Perpignan pour être porté par son député au Roi. — Tel est le titre du cahier.

surtout celles qui réclamaient l'égalité au point de vue administratif et honorifique: concession faite à la noblesse pour mieux la gagner et obtenir son constant appui auprès du Trône.

Gaffard venait à peine d'arriver à Paris [1] que commençait pour les Perpignanais la série des désenchantements et des déboires. La lettre du garde des Sceaux [2], datée du 19 mai et adressée au premier président du Conseil souverain, apporta la première mauvaise nouvelle.

« Je ne puis vous dissimuler, Monsieur, disait le « Ministre, combien les démarches du Conseil souve-« rain sont irrégulières. Votre Compagnie n'a pas dû « ignorer qu'elle ne pouvait prendre aucune connais-« sance des opérations des assemblées ; que les irrégula-« rités qui auraient pu s'y passer ne pouvaient être « déférées qu'au Conseil du Roi, Sa Majesté ayant « positivement interdit par l'article 51 du règlement « général du 24 janvier dernier, toute instruction en « forme judiciaire, sauf aux parties à s'adresser à Elle « par voie de représentation et de simples mémoires. « Je regrette que vous n'ayez pas détourné votre « Compagnie de contrevenir aussi formellement qu'elle « l'a fait à une disposition aussi précise, et que vous « ne lui ayez pas fait sentir qu'elle devait se rendre

---

[1] Dans son Mémoire à la Convention Gaffard écrit : « Le suffrage « unanime d'un nombreux conseil de la Commune triompha de ma « répugnance à me séparer de ma famille, et me força d'aller « remplir cette mission à grands frais dont je n'ai jamais eu de « dédommagement. »

[2] C'était M. de Barentin, dont on sait la funeste influence auprès de Louis XVI, lors des querelles du Tiers et des ordres privilégiés.

« aux observations que lui fit M. le procureur général
« lorsqu'il fut mandé à la séance du 20 du mois dernier.

« Les arrêts que le Conseil souverain s'est permis
« de rendre pour forcer le greffier du juge de la
« viguerie, qui présidait les assemblées, à remettre
« des copies collationnées des procès-verbaux ; la
« conduite que l'on a tenue en allant jusques dans
« le sein des assemblées sommer des membres de venir
« déposer ; les questions qu'on leur a faites sur les
« différents avis ou propositions qui y avaient eu lieu,
« sont autant d'entreprises contre la liberté qui devait
« régner dans ces assemblées; et le Roi n'aurait pas
« pu se dispenser de prononcer la cassation des arrêts
« du Conseil souverain, si l'envoi que vous m'avez fait
« de l'information, — circonstance dont je me suis
« pressé de rendre compte à S. M. — ne l'avaient
« portée à penser que cette Cour s'était désistée d'une
« procédure aussi irrégulière.

« Je n'ai point à m'expliquer, Monsieur, sur les
« illégalités reprochées aux opérations du juge de
« la viguerie du Roussillon, parce qu'en supposant
« qu'elles seraient évidemment constatées, les entre-
« prises du Conseil souverain n'en seraient pas moins
« répréhensibles. Je ne puis m'empêcher de vous dire
« qu'une information faite par un tribunal incompétent
« et sans pouvoir en pareille matière ne peut détruire
« les faits qui sont relatés dans des procès-verbaux
« réguliers et revêtus des signatures des membres
« qui ont été présents à l'assemblée. Je vous
« observerai encore, Monsieur, que les frais d'une
« information si déplacée, pour laquelle je suis instruit

« qu'on a accordé des taxes aux témoins qui ont été
« assignés, auront occasionné des difficultés [1] ».

La leçon était dure pour le premier président
du Conseil souverain, et M. Guy, envoyant une copie à
M. Jaume, ajoutait malicieusement : « Je voudrais bien
« savoir s'il l'a lue à sa compagnie telle qu'elle est. »
Le blâme, il est vrai, tombait uniquement sur la
procédure suivie et ne préjugeait point la question de
fond, relative aux irrégularités des assemblées du
Tiers ; mais il était déjà aisé de prévoir quelle serait
l'issue de l'affaire déjà déférée au Conseil du Roi.

« Il paraît démontré [2], écrit M. Guy, le 5 juin, que
« Terrats a séduit le tiers des campagnes pour se faire
« nommer, mais, en cela, il a suivi l'exemple de
« beaucoup d'autres, c'est-à-dire qu'il n'y a peut-être
« pas eu une seule assemblée dans le royaume où le
« manège et l'intrigue n'aient été la base des députa-
« tions. » — Et sept jours après : « Je n'ai point encore
« vu Gaffard, je ne sais où il est ni ce qu'il fait, j'en
« ai seulement entendu parler par les quatre députés
« du Tiers qui sont venus dimanche dernier à Saint-
« Germain. Il s'en faut qu'ils fassent son éloge :
« chacun se plaint et je vous avoue que la députation
« particulière de ce magistrat a fait une sensation
« défavorable. »

En effet, au lieu de faire tomber la prévention

---

[1] Arch. partic. de M. Vicens. Copie envoyée par M. Guy à
M. Jaume.

[2] Dans une lettre au garde des Sceaux le maréchal de Noailles
avait demandé, le 27 mai, des explications sur tout ce qui s'était
passé. M. Guy était donc bien renseigné en affirmant ce fait.
V. Arch. nat. B. III. 119. f. 596.

générale des esprits contre sa cause, soit par la modération de ses prétentions, soit par la force de ses
preuves, soit surtout par de nombreuses démarches
auprès des puissants du jour, Gaffard se renfermait
dans sa morgue naturellement hautaine de magistrat et
de député de Perpignan [1]. Puisqu'il savait le garde des
Sceaux et M. Necker favorables à Terrats, il eût dû se
concilier l'appui du maréchal de Noailles, dont le crédit
était encore puissant. Et pourtant M. Guy ne le verra
à Saint-Germain, résidence du maréchal, que le
11 juillet. « A l'espèce d'ouverture qu'il m'a faite et
« les protestations de foi, je l'ai trouvé passablement
« *boutonné* (sic) », écrit-il le lendemain à M. Jaume [2].

Pendant ce temps Terrats parlait, écrivait, agissait,
bref se dépensait si bien qu'il annihilait l'influence des
députés roussillonnais de la noblesse et obtenait de la
Cour, comme « dédommagement de la place de
« Conseiller, des lettres de noblesse [3]. »

[1] Sur ce point les dires de M. Guy sont confirmés par le fait
curieux que voici. En mai 1793, quand le Comité révolutionnaire
dénonça Gaffard comme suspect, la sixième allégation du Comité
était : « le caractère hautain et menaçant » de ce dernier. — Dans
son mémoire à la Convention Gaffard répond ainsi à l'accusation :
« Si le Comité eût voulu faire un portrait ressemblant, il aurait dit
« que, sérieux par caractère et par l'habitude d'une application
« non interrompue pendant 40 ans, et né malheureusement myope,
« mon aspect a l'air froid et peu attrayant. Mais confondre ce fâcheux
« présent de la nature aggravé par un travail assidu avec un caractère
« hautain et menaçant... c'est évidemment peindre d'imagination. »

[2] M. Guy raconte qu'on accusait Gaffard de s'occuper beaucoup
plus de l'affaire des bourgeois nobles que de celles de la Ville. —
En effet quelques chevaliers, toujours intraitables sur la question
de leurs privilèges, avaient délégué M. Cappot, conseiller à la
Cour, plaider leur cause auprès du Conseil du Roi.

[3] Les lettres de noblesse furent conférées le 18 mai 1789. Elles
portaient pour armes : trois rats.

Le maréchal comte de Mailly [1], commandant de la
province du Roussillon, l'avait aidé dans ses manœuvres
de tout son crédit. Se jetant dans la mêlée comme s'il
se fût agi d'une affaire personnelle, le maréchal parut
avec fracas, frappant selon son habitude avec passion
et sans mesure [2]. A ses yeux la nomination de Gaffard
était « l'acte d'une réunion illégale », et ce dernier
« l'homme le plus brouillon et le plus brouillant de la
« compagnie ». — « Ce qu'il est important de dénoncer,
« disait-il, c'est l'influence du Conseil (souverain) non
« seulement dans le Tiers-État, mais encore dans le
« corps de la noblesse et du clergé. C'est ce corps qui a
« soufflé leurs délibérations quelconques, et l'on jugera
« de leur extravagance par les cahiers de ces deux
« États » ; aussi n'hésitait-il pas à demander la
suppression du Conseil et son remplacement par un
bailliage royal [3].

Non content d'avoir gagné à sa cause le parti de la
Cour, Terrats avait su habilement présenter sa cause
à la commission des États-généraux chargée de

[1] Le maréchal de Mailly était pour la seconde fois commandant de la
province ; en 1753, M. de Bertin, intendant, avec qui il était brouillé,
lui avait fait retirer le commandement. Quand il reprit ses fonctions,
il fit restaurer l'Université et combla la province de bienfaits. On
peut voir dans le *Bulletin de la Société d'agriculture, arts et commerce des Pyrénées-Orientales*, année 1820, n° 4, *un éloge* du
maréchal de Mailly, malheureusement peu *historique*.

[2] Les mémoires de Jaume confirmeront surabondamment nos asser-
tions, en nous montrant sur le vif le caractère de ce commandant
généreux à l'excès, mais d'une vivacité que l'on prendrait quelque-
fois pour de la grossièreté, si l'on ne savait que l'on a affaire à un
soldat plus criard que méchant.

[3] Arch. nat. B. III. 119. f. 597 et suiv. Mémoire sur le Conseil de
Roussillon remis par M. le maréchal de Mailly.

l'examiner. Tout d'abord il discuta la validité des
pouvoirs de Gaffard et la commission adopta sa thèse.
Se basant sur ce fait « que les députés d'un Conseil
« municipal [ne sont] pas autorisés pour traiter une
« affaire de Tiers-État, lequel est un corps plus
« étendu », on lui refusait le droit de poursuivre la
réclamation des Perpignanais par devant les États-
généraux ; de plus on déclarait que, moins que tout
autre, la municipalité de Perpignan pouvait s'immiscer
dans cette affaire, puisqu'elle comprenait « non seule-
« ment des membres du Tiers, mais aussi des clercs et
« des nobles. »

Ce fut bien pis encore quand les commissaires-
enquêteurs dépouillèrent le volumineux dossier où se
trouvaient entassées toutes les pièces du procès ; alors
furent révélées toutes les inconséquences de l'attitude
des Perpignanais, et la passion avec laquelle le Conseil
souverain était intervenu nuisit même à leurs réclamations. M. Guy avait donc raison d'écrire à M. Jaume
le 12 juillet : « Il y a tout à parier que M. Gaffard
« sera bravement éconduit. [1] »

Ces fâcheuses nouvelles eussent, à une autre époque,
provoqué des troubles parmi le peuple. On eût parlé de
se réunir à l'Hôtel-de-Ville, d'envoyer un nouveau
délégué ; des suppliques pressantes auraient été rédi-
gées et adressées soit au gouverneur de la province,

---

[1] Arch. nat. B. III. 119 f. 645 à 668. *Rapport du Comité de
vérification des pouvoirs sur l'opposition de la municipalité...* etc.
Le rapport est signé Gauthier. Nous ne pouvons décrire ici les
opérations de la Commission nationale ; cela ne rentre point dans
le cadre de notre travail ; on trouvera toutes les pièces dans les
2 volumes in-folio constituant le dossier de l'affaire.

soit à Louis XVI ; mais, par suite des graves événements dont Paris était le théâtre, la question électorale perdait tous les jours de son importance, passait à l'arrière-plan et paraissait même s'effacer, pour faire place à des anxiétés bien autrement graves. Passionné par les phases diverses de la lutte du Tiers contre les ordres privilégiés, chacun attendait le dénouement de cette crise et se demandait non sans inquiétude, si « la « tranquillité parfaite » qui avait jusque-là régné dans la ville, ne serait point troublée par « quelques « esprits inquiets et turbulents » toujours prêts à provoquer une émeute [1].

Ce fut au milieu de ce malaise général que survint la nouvelle de la prise de la Bastille [2]. La noblesse devait se réunir pour des affaires graves, mais sa Commission s'y opposa, « craignant non sans quelque « fondement que cela ne servît de prétexte » à des désordres [3]. Ces sages précautions ne purent toutefois empêcher l'orage d'éclater.

« Trente jeunes gens se rendirent le 26 juillet, à « 4 heures du soir, dit *La Semaine de Perpignan* [4],

[1] C. 2218. Registre de la Commission de la noblesse, f. 8 et 9. Séance du 25 juillet 1789.

[2] M. Guy écrivait peu après à M. Jaume : « Depuis le jour que « je vous ai écrit, bon Dieu ! comme la scène a changé ! Les « accidents se sont succédé si rapidement, nous avons éprouvé tant « de secousses inattendues qu'en vérité j'ai mieux aimé que le « public vous apprît notre situation que de vous la mander moi-« même... Gaffard est sûrement bien fâché d'être venu. »

[3] C. 2218. L. C. Les procès-verbaux constatent que Llucia est présent à la Commission jusqu'au 13 juillet ; il ne revient que le 12 août. Certes ce n'était pas le moment de déserter le poste d'honneur qui lui avait été confié.

[4] *La Semaine de Perpignan, ou les événements arrivés depuis le 26 juillet jusqu'au 2 août,* broch. in-12., 14 p. sans nom d'auteur

« chez M. de Chollet [1], commandant en second dans la
« province du Roussillon, pour lui présenter la cocarde
« nationale. Bien loin de se refuser à leur invitation,
« M. de Chollet se montre sensible à cette honnêteté,
« prend la cocarde, en décore son chapeau et leur
« donne les marques de la plus vive reconnaissance. »
Cette attitude du commandant enthousiasma la ville;
malheureusement aux élans de joie succéda bientôt une
violente agitation. « Le lendemain, 27, à peine l'aurore
« commençait à paraître que les rues furent occupées
« par une foule de citoyens. On se parlait à l'oreille,
« on entendait un grand murmure, sans savoir ce qui
« l'occasionnait. » A 11 heures l'orage se déchaîna
avec fureur. Cinq cents hommes se précipitaient vers
l'Hôtel-de-Ville, en arrachaient et brisaient « une pierre
« de marbre érigée en l'honneur de quelques habitants
« et de M. Lépinai [2], fermier-général, » puis sur le cri
d'un inconnu : *à la Régie, à la Régie!* s'élançaient
dans la direction de ce bureau. En un instant les
portes volent en éclats et les registres deviennent la
proie des flammes ; peu après vient le tour du grenier

ni d'imprimeur. Cette rarissime brochure n'a jamais été citée avant
nous. Rédigée par un partisan du régime nouveau, mais ennemi de
tout désordre, elle reflète merveilleusement l'état des esprits à
Perpignan à cette époque.

[1] M. de Chollet, que nous verrons devenir l'idole de la foule,
devait en décembre 1791 être arrêté par ceux qui l'acclamaient en
ce jour, être emprisonné et massacré à Orléans le 9 septembre 1792.
— V. notre *Histoire du Clergé*, p. 361-369.

[2] M. de l'Epinai avait été chargé de supprimer les *traites*, espèce
de droit de douane établi sur les marchandises passant du Roussillon en Languedoc. En reconnaissance de cette mesure si favorable
au commerce Roussillonnais, la Ville l'avait nommé Bourgeois
noble.

à sel, « des papiers des Jurandes et maîtrises »,
des cabanes ou corps-de-garde des employés de la
Ferme; c'est à grand'peine qu'on parvient à sauver
les Bureaux du Vingtième, de la Capitation et du
Contrôle [1].

Quelques heures avaient suffi pour tous ces désas-
tres. La partie saine de la population comprit qu'il
fallait agir sans retard pour arrêter ou endiguer le
torrent, sous peine de le voir tout dévaster. « Vers
« les trois heures [du même jour] six cents jeunes
« gens ou pères de famille se rendirent à l'Esplanade
« pour y recevoir les ordres de M. de Chollet. On forma
« dans l'instant vingt compagnies de volontaires [2]... On
« procéda ensuite à la nomination des officiers pour
« commander cette milice. M. le marquis d'Aguilar
« fut élu et proclamé à l'unanimité commandant en
« chef de toute la bourgeoisie, et M. le Comte, son
« fils, fut nommé capitaine d'une compagnie. La suite
« prouvera, dit la *Semaine*, qu'on ne pouvait faire un
« meilleur choix pour épargner le sang. »

Dès le 28 juillet, la milice et le marquis d'Aguilar
commencèrent à remplir leur rôle pacificateur. Déjà la
populace avait mis à sac les bureaux des Messageries,

[1] *La Semaine de Perpignan* raconte avec force détails ces divers
événements. Pour sauver le Vingtième on fit valoir au peuple « que,
« pour subvenir aux besoins du Royaume et soutenir notre auguste
« monarque dans ce temps de crise, il fallait payer quelque impôt,
« du moins jusqu'à ce que l'Assemblée nationale eût fixé un autre
« ordre de choses. »

[2] Peu après les troubles, « le bataillon des volontaires » fut
réduit à neuf compagnies, sous le commandement de MM. de Jaubert,
d'Aguilar, de Règnes, Mailhat, Dastros, d'Albaret, Lazerme, Gros
et Tirolet.

la Douane, et elle faisait le siège de la maison où s'était caché le receveur des fermes, lorsque la garde accourut et le sauva.

Le 29, nouveaux désordres et, aussi, nouvelle intervention du comte d'Aguilar. « Le peuple irrité « sans doute de n'avoir pu immoler à sa vengeance « aucun percepteur d'impôts, tourna sa rage contre « leurs femmes. On vit arriver à neuf heures du matin « celle du directeur de la Régie. On lui laissa traverser « paisiblement quelques rues pour se rendre chez elle. « A peine y est-elle arrivée qu'un paysan, sans pitié ni « respect pour son sexe, la suit de près pour consom- « mer l'horrible projet qui l'y attire... M. le comte « d'Aguilar, plus prompt qu'un éclair, arrive assez « tôt avec sa compagnie pour arrêter et défendre la « porte à une multitude d'effrénés qui montraient déjà « des intentions hostiles », arrache la pauvre femme des mains du paysan prêt à la pendre et la conduit saine et sauve hors de la ville.

Malheureusement la populace avait suivi. Houleuse et avide de sang, elle voulait assouvir au moins sa vengeance sur le directeur de la Régie que l'on savait caché dans le couvent des Capucins. Bientôt le couvent est investi, et la foule de demander à grands cris la tête du directeur. « Un brutal s'offre pour la trancher et « promet de la porter au bout d'une pique. Ce forcené « fend la foule ; il veut absolument remplir sa détestable « promesse. M. d'Aguilar s'avance alors vers lui pour « tâcher de le fléchir, il lui représente avec douceur « son injustice, il touche son cœur par un discours

« très pathétique et le détourne enfin de son horrible
« dessein. »

L'influence morale de M. d'Aguilar avait seule
empêché ce second crime ; ce fut lui aussi qui, aidé de
M. de Chollet et des consuls, parvint à épargner à la
ville de nouveaux malheurs. La première victime qu'il
fallut arracher à la fureur fut le « hoqueton » de
l'intendant. Le pauvre sire avait été envoyé par son
maître proclamer le prix du sel à 5 livres la mesure ;
fier de sa mission, il espérait peut-être recueillir des
acclamations, et cependant peu s'en fallut qu'il ne fût
écharpé. Le sauvetage du subdélégué général, Poydevant, réclama plus de soins. Quand la milice bourgeoise
et les soldats de Vermandois envoyés par M. de Chollet
arrivèrent au lieu où il s'était réfugié, on trouva la
maison cernée et « la populace, dont la fureur était
« sans bornes, délibérant sur le genre de mort de sa
« victime : *Il faut lui tirer un coup de fusil,*
« disaient les uns. *Non, il vaut mieux le pendre,*
« disaient les autres. » Après force pourparlers, de
peur de provoquer une rixe sanglante, on accepta les
conditions des émeutiers réclamant « une rançon de
« cent louis, dont la moitié serait applicable à Notre-
« Dame du Faubourg, une partie à la chapelle
« de la Blanquerie et l'autre aux hôpitaux » ; ce
que Poydevant s'empressa de faire en payant sans
retard.

C'était là le dernier attentat de la plèbe contre ceux
qu'elle appelait ses oppresseurs. Désormais MM. de
Chollet et d'Aguilar surent en imposer aux plus turbu-

lents. Il y eut bien encore, le 30 juillet, le pillage des bureaux du Domaine et du Tabac[1] ; le 31, on eut la velléité de brûler l'Académie, et, le 1ᵉʳ août, quelques papiers du Greffe et du Domaine furent livrés aux flammes, mais tout se borna à ces actes de vandalisme, dernières étincelles d'un vaste incendie dont on était parvenu à se rendre maître.

« Après des jours si nébuleux, dit la *Semaine*, l'aurore
« de la paix et du bonheur que les citoyens désiraient
« si ardemment vint luire sur cette ville. Le calme
« succéda à l'orage, les fêtes aux troubles. Du sein du
« désordre et presque du carnage on passa aux réjouis-
« sances. Le 2 août toutes les compagnies vinrent au
« Temple du Dieu des armées lui rendre des actions de
« grâces et entendre une messe célébrée par M. Morel,
« chanoine de la Cathédrale. Après cette cérémonie
« religieuse, on se rendit à la parade où M. de Chollet
« donna ses ordres qui furent exécutés avec ponctua-
« lité. Il y eut un grand repas où M. le comte d'Aguilar
« assista. On y célébra avec le plus grand zèle la santé
« du Monarque, restaurateur de la liberté française :
« tout le monde fut invité à prendre le café au milieu
« de la Loge et on distribua le soir toute sorte de
« rafraîchissements. »

« La joie vive et pure » durait encore quand arriva, avec l'Arrêt royal conférant à Terrats des lettres de noblesse, le décret de l'Assemblée nationale du 24 juillet reconnaissant la légitimité des opérations du Tiers-État,

---

[1] Ce jour-là la Commission de la noblesse s'assembla comme à l'ordinaire.

la validité de l'élection de ses députés et déboutant la ville de ses plaintes[1]. Ces nouvelles, d'ailleurs attendues, ne produisirent aucune agitation, car, depuis les derniers événements, Perpignan n'avait plus la physionomie d'autrefois. Tout ce qui tenait de l'ancien régime semblait avoir disparu ou sur le point de disparaître : plus d'intendant, de subdélégué-général, de collecteurs d'impôts; le Conseil souverain, honteux d'être obligé, par commandement du Roi, d'arracher de ses registres les arrêts du 30 avril et du 9 mai, se renfermait dans ses attributions judiciaires[2]; la commission de la noblesse, dont l'influence diminuait sans cesse, ne se réunissait que de plus en plus rarement[3]; seule l'administration provinciale et l'assemblée dite des cent-cinq[4], administrations éphémères où le Tiers avait sa part et où régnaient les aspirations libérales, jouissaient d'un certain prestige et d'une légitime autorité. Partout se révélaient les indices de l'avène-

---

[1] Le *rapport du Comité des vérifications* concluait : 1º *pour la forme*, à l'insuffisance des pouvoirs de Gaffard, car les députés du Tiers ne peuvent être attaqués que par leurs commettants; 2º *pour le fond*, à la régularité de l'élection et attribuait la scission à « une « division d'intérêts entre la ville et la province ».

[2] L'Arrêt du roi est du 6 août. Le Conseil souverain, pour se venger, retarda l'enregistrement des lettres de noblesse de Terrats; Terrats s'en plaignit vivement dans un mémoire au garde des Sceaux (Arch., nat. B. III, f. 120).

[3] Elle ne se réunit que le 12 août, les 20 et 28 septembre. Dans cette dernière réunion, on se demanda s'il fallait assembler l'ordre : il y eut dix *oui*, vingt-six *non* et trois avis isolés. V. C. 2118.

[4] Elle se composa de membres de la noblesse, du clergé et du Tiers et elle fut constituée dans le courant d'août. L'abbé Mathieu, plus tard prêtre constitutionnel, en faisait partie. Il en parle avec éloges dans son *Episcopologie*.

ment d'un régime nouveau; et chacun, oubliant les
mécomptes du passé, se berçant de rêves si souvent
caressés avant les élections, croyait voir luire enfin à
l'horizon cette « ère nouvelle » toujours promise et
toujours vainement attendue [1].

---

[1] Le fait le plus caractéristique de cet état des esprits est la fête
du 25 août 1789. Ce jour-là les neuf compagnies vinrent faire bénir
leur drapeau à la Cathédrale. Le drapeau tricolore était « surmonté
« d'un bonnet de la liberté, au-dessus duquel, dit la *Semaine de*
« *Perpignan*, était l'oiseau de Minerve pour prouver que la liberté
« doit être guidée par la sagesse. » Sur les plis du drapeau on
avait deux couronnes portant en exergue ces deux légendes : *Liberté,
gloire et bonheur à la Nation sous un Roi citoyen; C'est dans
notre union qu'est notre force.* L'abbé de Monteils, grand archi-
diacre et vicaire-général, officia, bénit les drapeaux et prononça,
« à cette occasion, un discours très touchant. » Le soir, il y eut
repas et bal accoutumés.

TABLE DES MATIÈRES

www.ingramcontent.com/pod-product-compliance
Lightning Source LLC
Chambersburg PA
CBHW070929280326
41934CB00009B/1807